FRANCE

BELGIQUE

ALLEMAGNE

LUXEMBOURG

eims

AMPAGNE

• Metz

LORRAINE

• Nancy

Strasbourg

ALSACE

la Seine

RGOGNE

FRANCHE
COMTÉ

Dijon
•

• Besançon

SUISSE

RHÔNE ALPES

• Lyon

• Grenoble

ITALIE

le Rhône

PROVENCE

• Avignon

Arles •

CÔTE D'AZUR

MONACO

Aix-en-Provence

• Nice

• Cannes

Marseille

MER MÉDITERRANÉE

Le Ciel 1

Rika Hirashima

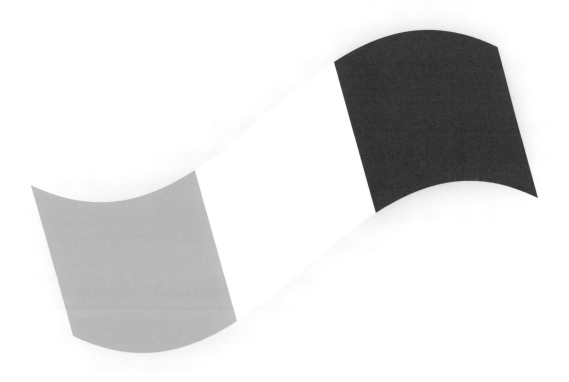

Editions ASAHI

┌─── ル・シエル 1　URL ───┐
（音声・その他）

http://text.asahipress.com/free/french/leciel1/index.html

└─────────────────────────┘

装丁—メディアアート

イラスト—Mio Oguma

写真協力—志水じゅん（34 ページ）

まえがき

　Le Ciel 1 はフランス語をはじめて学ぶ方のために作られた教材です。*Le Ciel* の改訂版として、フランス語の初歩的な文法を確認し、そこにテーマに応じた語彙をプラスしてコミュニケーションを行うためのベースを作り、さらに運用練習を加えて構成されています。

◆　教科書本体はコミュニケーションのテーマにしたがって6つの UNITÉ から成っています。各課の文法事項は見開き2ページにまとめ、読んで内容がほぼ理解できるように文法説明を加えました。また、ほとんどの方がすでに英語を学んでいる現状を考慮して、基本的な部分については英語と比較してフランス語の文法を説明しています。

◆　各課にはコミュニケーションのテーマと文法事項を反映したモデル文をつけ、筆記問題以外にも、複数の口頭練習問題（「練習しましょう！」）を載せています。

◆　学んだことを具体的な場面につなげて使う練習ができるように、「コミュニケーション練習問題集」を別冊の付属練習問題としてつけました。各課の学習内容に応じて、ミニ会話、ディクテーションや聴き取り問題を中心とした運用練習が行えるようになっています。

◆　教科書の各 UNITÉ の終わりには4ページ分の特設コーナーを設けています。UNITÉ の総復習にもなるコミュニケーション問題、つづり字の読み方の規則、語彙や表現のまとめ等に加えて、フランスの文化情報を紹介しています。

◆　教科書のモデル文、例文、聴き取り問題、「コミュニケーション練習問題集」の聴き取り問題等の音声は左記の URL の音声サイトから聴くことができます。また、リンクのサイトでは *Le Ciel 1* 関連のフランス文化情報を紹介しています。

　音声サイト、文化紹介など関連の副教材を授業に活用することで、フランス語学習の可能性はさまざまに広がります。この教材がみなさんのフランス語の学びを豊かにすることに少しでも役立つことを願っています。

　末尾になりましたが、教材の改訂にあたり各方面のみなさまに多大なご協力をいただきました。この場をお借りして厚くお礼を申し上げます。

著者

Table des matières

アルファベ　ALPHABET 🎧 1-2

A B C D E F G H I J K L M N O P Q R S T U V W X Y Z
a b c d e f g h i j k l m n o p q r s t u v w x y z

[ɑ]	[ɛ]	[e]	[ə]	[i]	[y]	[o]
a	f	b	e	i	q	o
h	l	c		j	u	
k	m	d		x		
	n	g		y		
	r	p				
	s	t				
	z	v				
		w				

 練習しましょう！　Exerçons-nous!

1. アルファベを発音しましょう。

2. 自分の名前の綴りを一文字ずつアルファベで言いましょう。

   ex *Mika* ⇒ *M*[ɛm]・*I*[i]・*K*[kɑ]・*A*[ɑ]

3. 聞こえたアルファベを綴りましょう。

4. 次の綴りをアルファベで発音しましょう。

   NHK　　　　TGV　　　　SNCF　　　　ONU　　　　OMS

便利な表現　Expressions utiles 🎧 1-3

日々のあいさつ
Bonjour.
Bonsoir.
Bon après-midi.
Bonne nuit.
Au revoir.

お礼・お詫び
Merci (beaucoup).
De rien.
Pardon.
Excusez-moi.

呼びかけ
Monsieur.
Madame.
Mademoiselle.

その他
* *Ça va ?*
* *Ça va.*

　　* *Ça va* はややくだけた表現です。

 練習しましょう！　Exerçons-nous!

フランス語を聞いて表現を言う練習をしましょう。

1	un	**11**	onze	**21**	vingt et un	**31**	trente et un
2	deux	**12**	douze	**22**	vingt-deux	**32**	trente-deux
3	trois	**13**	treize	**23**	vingt-trois		
4	quatre	**14**	quatorze	**24**	vingt-quatre	**40**	quarante
5	cinq	**15**	quinze	**25**	vingt-cinq		
6	six	**16**	seize	**26**	vingt-six	**50**	cinquante
7	sept	**17**	dix-sept	**27**	vingt-sept		
8	huit	**18**	dix-huit	**28**	vingt-huit	**60**	soixante
9	neuf	**19**	dix-neuf	**29**	vingt-neuf		
10	dix	**20**	vingt	**30**	trente	**70**	soixante-dix

71	soixante et onze	**81**	quatre-vingt-un	**91**	quatre-vingt-onze
72	soixante-douze	**82**	quatre-vingt-deux	**92**	quatre-vingt-douze
73	soixante-treize	**83**	quatre-vingt-trois	**93**	quatre-vingt-treize
74	soixante-quatorze	**84**	quatre-vingt-quatre	**94**	quatre-vingt-quatorze
75	soixante-quinze	**85**	quatre-vingt-cinq	**95**	quatre-vingt-quinze
76	soixante-seize	**86**	quatre-vingt-six	**96**	quatre-vingt-seize
77	soixante-dix-sept	**87**	quatre-vingt-sept	**97**	quatre-vingt-dix-sept
78	soixante-dix-huit	**88**	quatre-vingt-huit	**98**	quatre-vingt-dix-huit
79	soixante-dix-neuf	**89**	quatre-vingt-neuf	**99**	quatre-vingt-dix-neuf
80	quatre-vingts	**90**	quatre-vingt-dix	**100**	cent

200	deux cents		**1000**	mille		
500	cinq cents	[sɛ̃ sɑ̃]	**10000**	dix mille	[di mil]	
600	six cents	[si sɑ̃]	**100000**	cent mille		

un	**premier (première)**	onze	**onzième**
deux	**deuxième [second(e)]**	douze	**douzième**
trois	**troisième**		
quatre	**quatrième**	vingt	**vingtième**
cinq	**cinquième**	vingt et un	**vingt et unième**
six	**sixième**		
sept	**septième**	trente	**trentième**
huit	**huitième**		
neuf	**neuvième**	cent	**centième**
dix	**dixième**		

Leçon 1

名前・国籍・職業を言う

Leçon 1 では 2 種類の動詞と国籍・職業の単語を使って
名前、国籍、職業を言うための文法と語彙を学びましょう。

MODÈLE 1 1-6

Bonjour, je m'appelle Akira.

Je suis japonais.

Je suis étudiant.

MODÈLE 2 1-7

Bonjour, je m'appelle Mika.

Je suis japonaise.

Je suis étudiante.

MODÈLE 3 1-8

C'est Daniel.

Il est anglais.

Il est acteur.

MODÈLE 4 1-9

Qui est-ce ?

C'est Emma.

Elle est anglaise.

Elle est actrice.

1 基本的な文の作り方

主語 - 動詞 - それ以外の要素 （**目的語**、**属詞** [= 補語 （英）]、**状況補語**、etc.）

> ex Je （主語） suis （動詞） japonaise （属詞）.
> C' （主語） est （動詞） Emma （属詞）.

2 動詞の活用と主語人称代名詞 🎧 1-10

・**動詞の活用** ＝主語の人称に応じて動詞の形が変化すること
・**動詞活用の種類** ①**規則活用**：動詞は一定した変化をする
 ②**不規則活用**：動詞の変化の仕方が一定しない
・**主語人称代名詞** ＝ 1 人称 （[単] **je,** [複] **nous**）, 2 人称 （[単] **tu,** [複] **vous***）, 3 人称 （[単] **il, elle,** [複] **ils, elles**）

●動詞 **être, s'appeler** の直説法現在形

être (= to be)				
je	suis	[ʒə sɥi]	nous sommes	[nu sɔm]
tu	es	[ty ɛ]	vous êtes	[vu zɛt]
il	est	[i lɛ]	ils sont	[il sɔ̃]
elle	est	[ɛ lɛ]	elles sont	[ɛl sɔ̃]

s'appeler (=to be called)				
je	m'appelle	[ʒə mapɛl]	nous nous appelons	[nu nu zaplɔ̃]
tu	t'appelles	[ty tapɛl]	vous vous appelez	[vu vu zaple]
il	s'appelle	[il sapɛl]	ils s'appellent	[il sapɛl]
elle	s'appelle	[ɛl sapɛl]	elles s'appellent	[ɛl sapɛl]

＊ vous は 2 人称の単数で使われることも複数で使われることもある。
2 人称単数の vous は改まった言い方で、tu は親しい間柄で使われる。

＊ 母音で始まる être の活用は主語人称代名詞と音がつながって発音されることに注意
 il **e**st / elle **e**st / vou**s ê**tes
 s'appeler の活用は nous と vous の場合に音がつながる箇所がある nous nou**s a**ppelons
 vous vou**s a**ppelez

・練習しましょう！ Exerçons-nous!

1. 動詞 s'appeler を使って自分の名前を言いましょう。

2. C'est ～の表現を使ってクラスメートの名前を紹介しましょう。

（**3**） 名詞の性数 🎧 1-11

- **名詞の性** ①職業や国籍を表す名詞は実際の性別により男性形と女性形を区別する

  ②その他の名詞では実際の性別ではなく文法上の性別がある（ex. table [女性]）
- **男性形**＝基本形（辞書に載っている形）
- **女性形**＝男性形＋ **e**（語形に応じて e の前の子音が変化することもある）

ex Je suis japonais.　　　Je suis étudiant.　　　Il est acteur.
僕は日本人です。　　　僕は学生です。　　　彼は俳優です。

Je suis japonais**e**.　　　Je suis étudiant**e**.　　　Elle est ac*trice*.
私（女性）は日本人です。　　　私（女性）は学生です。　　　彼女は女優です。

単数形と複数形　複数形＝単数形＋ s（語形によって **s** は **x** になり単数形の語尾が変化する）

ex Je suis étudiant.　　　Je suis étudiante.
僕は学生です。　　　私は学生です。

Nous sommes étudiant**s**.　　　Nous sommes étudiante**s**.
僕たちは学生です。　　　私たちは学生です。

Il est acteur.　　　Elle est actrice.
彼は俳優です。　　　彼女は女優です。

Ils sont acteur**s**.　　　Elles sont actrice**s**.
彼等は俳優です。　　　彼女等は女優です。

国籍と職業に関する言葉 🎧 1-12

国籍 Nationalités				職業 Professions		
Anglais(*e*)	イギリス人	Chinois(*e*)	中国人	étudiant(*e*)	学生	secrétaire 秘書
Allemand(*e*)	ドイツ人	Russe	ロシア人	employé(*e*)	会社員	professeur 教師
Espagnol(*e*)	スペイン人	Américain(*e*)	アメリカ人	musicien(*ne*)	音楽家	journaliste ジャーナリスト
Italien(*ne*)	イタリア人	Canadien(*ne*)	カナダ人	chant*eur*(chant*euse*) 歌手		
Français(*e*)	フランス人	Japonais(*e*)	日本人	serv*eur*(serv*euse*) ウェイター（ウェイトレス）		
Coréen(*ne*)	韓国人			direc*teur*(direc*trice*) 部長・課長		
＊国籍は小文字で記載することもあります				ac*teur*(ac*trice*) 俳優（女優）		

・**練習しましょう！**・　(Exerçons-nous!)　🎧 1-13　🎧 1-14

1. 自分の名前・国籍・職業をフランス語で言いましょう。

2. ① 聞こえてくるフランス語の名詞の女性形を言いましょう。

② 聞こえてくるフランス語の名詞の男性形を言いましょう。

3. 次の文の主語を **elle** にして文を言い変えましょう。

1. Il est chinois.　　　2. Il est français.　　　3. Il est musicien.

4. 次の文の主語を複数にして文を言い変えましょう。

1. Tu es japonaise.　　　2. Je suis italien.　　　3. Il est professeur.

1 空白部分に綴り字を入れ、文を完成させましょう。

1. Je m' a__pe__ __e Sophie. 私の名前はソフィーです。
2. Tu __ __appelle__ Philippe ? あなたはフィリップという名前なの？
3. E__ __es __ __appell__ __ __ Mai et Mao. 彼女達の名前は舞と真央です。
4. Vous vous ap__ el__ __ comment ? お名前は何と言うのですか？
5. Elle e__ __ Espa__nol__. 彼女はスペイン人です。
6. Il__ son__ jou__ __alis__ __ __. 彼らはジャーナリストです。
7. Michaël est a__l__man__. ミカエルはドイツ人です。
8. Q__i __st-c__ ? - __ __est Paul. この人は誰ですか？ ― ポールです。

2 主語を（ ）の言葉にして文を書き変え、音読しましょう。

1. Sam est chanteur. (Taylor [女]) ....
2. Michel est directeur. (Michelle [女]) ....
3. Kei Nishikori est joueur de tennis.
   (Naomi Osaka) ....
4. Luc est musicien. (Marie et Paul) ....
   cf. *joueur de tennis* (テニス選手) : *serveur* と同じタイプの変化

3 主語を複数形にかえて、文を書き変え、音読しましょう。

1. Je suis employé. ....
2. Tu es russe ? ....
3. Il s'appelle comment ? ....

4 質問に答えましょう。答えは省略せずに書きましょう。

1. Vous vous appelez comment ? ....
2. Vous êtes étudiant(e) ? Oui, ...
3. Vous êtes américain(e) ? Non, ...

5 次の人物を紹介する文章を書きましょう。

1. マリリン・モンロー (Marilyn Monroe) ....
   ....
2. 二宮和也 (Kazunari Ninomiya) ....
   ....

Leçon 2

 年齢・住んでいるところ・話せる言語を言う

Leçon 2 では3つの動詞と数字、国と言語の単語を使って、年齢と
住んでいるところ・話せる言語について言えるようになりましょう。

MODÈLE 1 🎧 1-15

Akira est japonais.

Il est étudiant.

Il a dix-huit ans.

Il habite à Osaka au Japon.

Il parle japonais et anglais.

MODÈLE 2 🎧 1-16

Sophie est française.

Elle est étudiante.

Elle a vingt et un ans.

Elle habite à Nice en France.

Elle parle anglais et français.

MODÈLE 3 🎧 1-17

Sophie, vous avez quel âge ? - J'ai vingt et un ans.

Vous habitez où ? - J'habite à Nice en France.

Vous parlez anglais ? - Oui, je parle français et anglais.

Ⅰ　動詞 avoir と habiter, parler の活用 1-18

avoir (= to have)			
j' **ai**	[ʒe]	nous **avons**	[nu zavɔ̃]
tu **as**	[ty a]	vous **avez**	[vu zave]
il **a**	[i la]	ils **ont**	[il zɔ̃]
elle **a**	[ɛ la]	elles **ont**	[ɛl zɔ̃]

● **avoir**：不規則動詞 *

＊ 活用が母音で始まるので主語人称代名詞の音とつながって発音されることに注意

j'ai / il **a** / elle **a**
nou**s** **a**vons / vou**s** **a**vez
il**s** **on**t / elle**s** **on**t

 ・練習しましょう！・ (Exerçons-nous !) 1-19

1. フランス語を聞いて数字を練習しましょう。

2. 数字＋ an(s) の音のつながりに注意して音読しましょう。

11 ans on**ze an**s	16 ans sei**ze an**s	21 ans vingt et **un an**s
12 ans dou**ze an**s	17 ans dix-sep**t an**s	22 ans vingt-deu**x an**s
13 ans trei**ze an**s	18 ans dix-hui**t an**s	23 ans vingt-troi**s an**s
14 ans quator**ze an**s	19 ans dix-neu**f an**s	24 ans vingt-quat**re an**s
15 ans quin**ze an**s	20 ans ving**t an**s	25 ans vingt-cin**q an**s
		26 ans vingt-si**x an**s

3. 次の文を正しく音読しましょう。

Akira a dix-hui**t an**s.　　　　Vous avez que**l â**ge ?
Sophie a vingt et u**n an**s.　　–J'ai ving**t an**s.

4. フランス語で自分の年齢を言いましょう。

● **parler, habiter**：**-er** 型規則動詞 * 1-20

　　　　　　　（語幹＋活用語尾 je **-e**, tu **-es**, il **-e**, nous **-ons**, vous **-ez**, ils **-ent**）

parler (= to speak)			
je **parle**	[ʒə parl]	nous **parlons**	[nu parlɔ̃]
tu **parles**	[ty parl]	vous **parlez**	[vu parle]
il **parle**	[il parl]	ils **parlent**	[il parl]
elle **parle**	[ɛl parl]	elles **parlent**	[ɛl parl]

＊ habiter の -h- は発音しない。母音で始まる動詞と同じように、主語人称代名詞と音がつながることに注意

j'habite / il **ha**bite /
elle **ha**bite /
nous **ha**bitons /
vous **ha**bitez / il**s ha**bitent

habiter (=to live)			
j' **habite**	[ʒa bit]	nous **habitons**	[nu zabitɔ̃]
tu **habites**	[ty abit]	vous **habitez**	[vu zabite]
il **habite**	[i labit]	ils **habitent**	[il zabit]
elle **habite**	[ɛ labit]	elles **habitent**	[ɛl zabit]

2 国籍・言語・住んでいる国と都市 1-21

国籍 nationalités	言語 langues		国 pays （〜に）		都市 villes （〜に）	
Anglais(e)	anglais	en	Angleterre	イギリス	à	Londres
Allemand(e)	allemand		Allemagne	ドイツ		Berlin
Espagnol(e)	espagnol		Espagne	スペイン		Madrid
Italien(ne)	italien		Italie	イタリア		Rome
Français(e)	français		France	フランス		Paris
Coréen(ne)	coréen		Corée	韓国		Séoul
Chinois(e)	chinois		Chine	中国		Pékin
Russe	russe		Russie	ロシア		Moscou
Américain(e)	anglais	aux	États-Unis	アメリカ		New York
Canadien(ne)	anglais / français	au	Canada	カナダ		Montréal
Japonais(e)	japonais		Japon	日本		Tokyo

* 国名の前につく前置詞の詳細については UNITÉ 5

練習しましょう!　　Exerçons-nous!　　1-22

1. 教師の指示に従って「自分は … 語を話します」とフランス語で言いましょう。

2. フランス語を聞き、都市（「〜に」の前置詞を添えて）、国（「〜に」の前置詞を添えて）を発音しましょう。

3. 音のつながりに注意して次の文を音読しましょう。

Akira habite à Osaka au Japon.
アキラは日本の大阪に住んでいます。

Sophie habite à Nice en France.
ソフィーはフランスのニースに住んでいます。

Vous habitez où ?
あなたはどこに住んでいますか？

J'habite à Osaka au Japon.
私は日本の大阪に住んでいます。

4. 自分の住んでいる都市（＋国）を言いましょう。

EXERCICES 2 練習問題

1 空白部分に綴り字を入れ、文を完成させましょう。

1. Avril __ab__te __ Los Angeles aux É__ats-__nis.
   アヴリルはアメリカのロサンゼルスに住んでいる。

2. J__habit__ à Kanazawa au Jap__n.　私は日本の金沢に住んでいる。

3. __on profess__ __r parle ja__onais, angl__is, chino__s et cor__en.
   私の先生は日本語、英語、中国語と朝鮮語を話す。
   ＊ mon 私の

2 例にしたがってフランス語の文を作りましょう。

   ex *Akira est japonais. Il parle japonais, coréen et anglais.*

1. Je ［女］：イタリア人、イタリア語、英語、ロシア語

2. Chen ［女］：中国人、中国語、英語、日本語

3. Nous ［2人とも女］：スペイン人、スペイン語、英語、フランス語

3 例にしたがってフランス語の文を作りましょう。

   ex *Emma habite à Londres en Angleterre.*

1. Je, Hambourg, Allemagne

2. Vous, à Milan, Italie

3. Mes parents, à Fukuoka, Japon

4 質問にフランス語で答えてください。

1. Pierre habite où ？ （à Montréal, au Québec, avec sa famille）

2. Vous habitez où ？ （自分の状況に合わせて）

3. Vous parlez quelles langues ？ （自分の状況に合わせて）

10

Leçon 3

自分と自分の家族について好きなもの・嫌いなものを言う

Leçon 3 では１つの動詞を使い、趣味や家族に関する語彙に定冠詞、所有形容詞をつけて、自分と自分の家族について好きなもの・嫌いなものを言えるようにしましょう。

MODÈLE 1 1-23

Je m'appelle Akira.

J'ai 18 ans.

J'aime le sport et le cinéma.

MODÈLE 2 1-24

Ma sœur s'appelle Miki.

Elle a 20 ans.

Elle aime beaucoup la musique pop.

MODÈLE 3  1-25

Ma mère s'appelle Naoko.

Elle a 47 ans.

Elle aime chanter.

MODÈLE 4  1-26

Mon père s'appelle Masaki.

Il a 49 ans.

Il aime le jazz, mais il n'aime pas chanter.

1 動詞 aimer の直説法現在形 🎧 1-27

aimer (= to love, to like)					
j' **aime**	[ʒɛm]	nous **aimons**	[nu zɛmɔ̃]
tu **aimes**	[ty ɛm]	vous **aimez**	[vu zɛme]
il **aime**	[i lɛm]	ils **aiment**	[il zɛm]
elle **aime**	[ɛ lɛm]	elles **aiment**	[ɛl zɛm]

● **aimer**：規則動詞（**-er** 型）

＊活用が母音で始まるので主語人称代名詞の音とつながって発音されることに注意

j' aime / **il ai**me / **elle ai**me / **nous ai**mons / **vous ai**mez / **ils ai**ment / **elles ai**ment

2 aimer の否定の活用 🎧 1-28

aimer の否定形					
je **n'aime pas**	[ʒə nɛm pɑ]	nous **n'aimons pas**	[nu nɛmɔ̃ pɑ]
tu **n'aimes pas**	[ty nɛm pɑ]	vous **n'aimez pas**	[vu nɛme pɑ]
il **n'aime pas**	[il nɛm pɑ]	ils **n'aiment pas**	[il nɛm pɑ]
elle **n'aime pas**	[ɛl nɛm pɑ]	elles **n'aiment pas**	[ɛl nɛm pɑ]

● 作り方 ＝ **ne** (**n'**) ＋ 動詞 ＋ **pas**

＊母音または無音の **h** で始まる動詞の前で **ne** ⇒ **n'**

ex Je *ne* parle *pas* italien.　　イタリア語を話しません。

　　Je *n'*aime *pas* chanter.　　私は歌うのは好きではありません。

＊ aimer の否定形は n' が主語と動詞の間に入ることで音のつながりが変化する

ex nou**s ai**mons / nous **n'ai**mons pas　　vou**s ai**mez / vous **n'ai**mez pas

・練習しましょう！・　Exerçons-nous!

1. 「歌うのが好き」「歌うのが好きでない」をすべての人称で言いましょう。

2. 自分について次のことを言いましょう。

　　歌うのは好きだが踊る（＝ danser）のは好きではない。

　　映画（＝ le cinéma）は好きだがテレビ（＝ la télé）は好きではない。

3 名詞と冠詞、所有形容詞の性数一致 🎧 1-29

・名詞の性数一致＝名詞につく冠詞や所有形容詞は**名詞の性数に応じて形を変化**させる

・定冠詞＝**限定・特定**された名詞、**固有**の名詞、ものごとを**総称**する場合に使われる

・所有形容詞＝人が所有する人・ものについて使われる。「所有する人」の性数ではなく「所有される人・もの」の性数に応じて変化する

	定冠詞	所有形容詞			
		1人称 (je)	2人称 (tu)	2人称 (vous)	3人称 (il/elle)
男性単数 m.s.	le (l')	mon	ton	votre	son
女性単数 f.s.	la (l')	ma (mon)	ta (ton)		sa (son)
男女複数 m.f.pl.	les	mes	tes	vos	ses

＊ 定冠詞の l' は母音で始まる単数名詞につける

㋑ agenda / l'agenda

＊ 所有形容詞女性単数の mon, ton, son も母音で始まる名詞につける

㋑ mon
　　ton　　amie
　　son

㋑ J'aime *le* sport et *le* cinéma.
私はスポーツと映画が好きです。

Elle aime beaucoup *la* musique pop.
彼女はポップミュージックが大好きです。

Je m'appelle Akira.
僕はアキラといいます。

Kumiko a 19 ans.
クミコは 19 歳です。

J'habite avec *mes* parents.
（僕は）両親と同居しています。

Ses parents habitent à Kurashiki.
彼女の両親は倉敷に住んでいます。

Ma mère aime chanter.
僕の母は歌うのが好きです。

Son père aime écouter de la musique.
彼女の父は音楽を聴くのが好きです。

＊ son, ses は結びつく名詞の性数に一致し、すべて「彼女の」という意味になる

・練習しましょう! ・  Exerçons-nous!

1. 趣味に関する名詞に定冠詞をつけて発音しましょう。

2. 「私は〜が好き」「私は〜が好きでない」をフランス語で言いましょう。

3. 家族に関する名詞の意味を確認し、所有形容詞をつけて発音しましょう。

1-30

家族 famille	趣味 préférences
・**grands-parents** 祖父母： 　grand-père (*m.*), grand-mère (*f.*) ・**parents** 両親　：père (*m.*), mère (*f.*) ・**frère**(s) 兄弟　：grand frère (*m.*), 　　　　　　　　　petit frère (*m.*) ・**sœur**(s) 姉妹　：grande sœur (*f.*), 　　　　　　　　　petite sœur (*f.*) ・**oncle**(s) (*m.*) おじ ・**tante**(s) (*f.*) おば	・**musique** (*f.*)　　　音楽 　　　　(pop /classique/ hip-hop) ・**sport** (*m.*)　　　　スポーツ 　　**tennis** (*m.*), **base-ball** (*m.*), **foot** (*m.*), **ski** (*m.*) ・**lecture** [lɛktyr](*f.*)　読書 ・**danse** (*f.*)　　　　ダンス ・**cinéma** (*m.*)　　　映画
	chanter 歌う, danser 踊る, écouter de la musique 音楽を聴く, aller au cinéma 映画に行く, lire 読書する, regarder la télé テレビを見る

1 空白部分に綴り字を入れ、文を完成させましょう。

1. J__a__me bea__cou__ Paris. 　　　私はパリが大好きです。
2. C'est __ __amie de Pierre. C'est __on amie. 　　あれはピエールの彼女です。彼の彼女です。
3. M__ __ gran__ fr__ __e ha__ite seul à Tokyo. 　私の兄は東京で一人暮らしをしているのよ。
4. Emma ai__e pa__ler avec __es __rère__. 　　エマは自分の兄弟と話すのが好きです。
5. Il__ __ __ aiment pa__ c__anter au karaoké. 　彼らはカラオケで歌うのは好きではありません。

2 次の単語に定冠詞をつけて発音しましょう。

1. ....Tour Eiffel (*f.*) 　　　3. ....Arc de Triomphe (*m.*) [ark də triɔ̃f]
2. ....Louvre (*m.*) 　　　4. ....parents de Minako

3 日本語訳を参考に、次の単語に所有形容詞をつけて発音しましょう。

1. ....grand-père 「私の祖父」 　　3. ....amis 「私の友人達」
2. ....frère 「彼女の弟」 　　4. ....grandes sœurs 「君のお姉さん達」

4 例にしたがって好きなこと、好きでないことを表すフランス語の文を作りましょう。

ex *Akira aime le foot, mais il n'aime pas le base-ball.*

1. Je : ○音楽を聴くこと、× カラオケで歌う

....

2. Murielle : ○ 映画、× スポーツ

....

3. Mes parents : ○ 映画に行く、× テレビを見る

....

5 指示に従って質問にフランス語で答えてください。

1. Paul aime danser en boîte ? （Oui, beaucoup）

....

2. Vous aimez chanter au karaoké ? （自分の状況に合わせて）

....

3. Vos parents aiment manger au restaurant ? （自分家族の状況に合わせて）

....

1 UNITÉ 1 で学んだ表現を使い、自己紹介（名前、国籍、職業、年齢、住んでいるところ、話す言語、好きなこと・好きでないこと）を書きましょう。

2 空白を埋めて自己紹介に関する会話を完成させましょう。 🎧 1-31

A. フランス語教師と Mika の会話

— Mademoiselle. Vous (　　　　) (　　　　) comment ?

— Je m'appelle Mika Nagano.

— Vous (　　　　) de quelle nationalité ?

— Je suis japonaise.

— Vous (　　　　) étudiante ?

— Oui, je suis étudiante.

— Vous (　　　　) quel âge ?

— J'ai dix-huit ans.

B. Mika と友達になったフランス人との会話

— Mika, tu (　　　　) (　　　　) ?

— J'habite à Kobé (　　　　) Japon.

— Tu (　　　　) bien français !

— Merci. Je parle japonais, anglais et français.

— C'est super ! Tu (　　　　) (　　　　) musique ?

— Oui, j'aime beaucoup (　　　　) musique pop. Et toi ?

— Moi, j'aime bien (　　　　) jazz.

3 上記 2 で完成させたやりとりをペアで発表しましょう。

4 自分の状況に合わせて A の会話を変えて発表しましょう。

5 A の会話の vous を tu に、B の会話の tu を vous に変えて会話を書き換えてみましょう。

発音とつづり（1）

Ⅰ 発音しない文字 1-32

1. 語末の « e » は [ə] または無音（エとは読まない）

    ⓔⓧ j<u>e</u>, ell<u>e</u>, il s'appell<u>e</u>, actric<u>e</u>, étudiant<u>e</u>

2. « h » は発音しない

    ⓔⓧ <u>h</u>uit, <u>h</u>ôtel, <u>h</u>ôpital

3. 語末の子音字（特に « s »）は発音しないことが多い

    ⓔⓧ japonai<u>s</u>, françai<u>s</u>, je sui<u>s</u>, tu e<u>s</u>, ils son<u>t</u>, beaucou<u>p</u>, commen<u>t</u>

    « c », « l », « f », « r » 等は発音されることが多い

    ⓔⓧ bonjou<u>r</u>, au revoi<u>r</u>, chanteu<u>r</u>, serveu<u>r</u>, i<u>l</u>, Pau<u>l</u>, neu<u>f</u>, ave<u>c</u>

Ⅱ 音の結びつき　―リエゾン liaison とアンシェンヌマン enchaînement 1-33

リエゾン＝単独では発音されない語末の子音字が、後に続く単語の最初の母音と結びついて発音される現象

 ⓔⓧ vous / êtes　　　　　⇒　vou**s ê**tes

  vous / vous / appelez　⇒　vous vou**s a**ppelez

  vous / habitez　　　　⇒　vou**s ha**bitez

  vous / avez　　　　　⇒　vou**s a**vez

アンシェンヌマン＝単独で発音される語末の子音字が、後に続く単語の最初の母音と結び付いて発音される現象

 ⓔⓧ il / est　⇒　i**l e**st

  elle / est　⇒　ell**e e**st

  il / habite　⇒　i**l ha**bite

1. 必ずリエゾンまたはアンシェンヌマンが起こる場合

    ・限定詞（冠詞・所有形容詞・指示形容詞）＋名詞

     le**s é**tudiants,　me**s a**mis,　ce**s a**cteurs

    ・主語人称代名詞＋動詞とその倒置形

     i**l e**st,　ell**e ai**me,　vou**s ha**bitez,　Sont-il**s** ?

2. リエゾンをしてはいけない場合

    ・固有名詞・一般名詞＋動詞　　Charles / est étudiant.

    ・接続詞＋主語人称代名詞　　Akira est japonais et / il habite à Osaka.

    ・有音の « h » の前　　　　les / héros

Ⅲ エリジオン　élision　🎧 1-34

一定数の単語（je, me, te, se, ce, de, que, le, la等）の後に、母音や無音の « h » で始まる語がくると、語末の母音字（e, a）が省略されてアポストロフ（'）でつながれる

- (ex) ce + est　　　⇒　**c'**est
- me + appelle⇒　(je) **m'**appelle
- te + appelles⇒　(tu) **t'**appelles
- je + ai　　　⇒　**j'**ai
- je + habite　⇒　**j'**habite

cf. « h » の発音について

フランス語では « h » は発音しないが、文法上、無音の h と有音の h がある。

無音の « h »：　無音の h で始まる単語は母音で始まる単語と同じように扱い、リエゾン、アンシェンヌマン、エリジオンが起こる　(ex) j'habite,　nous habitons

有音の « h »：　有音の h は発音しないが他の子音と同じように扱い、リエゾン、アンシェンヌマン、エリジオンは起こらない　(ex) le héros,　les héros

---

 練習しましょう！　Exerçons-nous!　🎧 1-35

1. フランス語を聞いて、文にリエゾンまたはアンシェンヌマンの印を入れましょう。

1. Vous vous appelez comment ?
2. Ils sont espagnols. Ils parlent espagnol et anglais.
3. Ils aiment le cinéma.
4. Mes amis habitent à Nara.
5. Nous habitons aux États-Unis.

2. リエゾン、アンシェンヌマン、エリジオンに注意してフランス語の文を読みましょう。

1. Nous habitons à Rome. Nous parlons italien, français et anglais.
2. J'aime le cinéma et la musique.
3. Marc est anglais. Il habite à Londres.
4. Vous avez quel âge ?
5. Nous aimons écouter de la musique.

UNITÉ 1 で学んだ文法と語彙を使うと、簡単な自己紹介や家族・友人の紹介をすることができます。

- ☐ a. 自分の名前を言う / 相手に名前を尋ねる
- ☐ b. 自分の国籍を言う / 相手に〇〇人ですか？と尋ねる
- ☐ c. 自分の年齢を言う / 相手に年齢を尋ねる
- ☐ d. 自分が住んでいる都市と国を言う / 相手に住んでいるところを尋ねる
- ☐ e. 自分が話すことのできる言語を言う / 相手に何語を話すか尋ねる
- ☐ f. 自分の好きなこと（趣味、スポーツなど）を言う / 相手に〇〇は好きかどうか尋ねる
- ☐ g. 家族や友人について a.~f. のことを言う / 尋ねる

フランス文化 Petit 情報

▌世界遺産と景観保護　〜パリの街並みはなぜ美しい？〜

　フランスというと文化とおしゃれな国というイメージが浮かぶのではないでしょうか。首都パリは「芸術の都」と呼ばれており、現代アートと伝統的建築物が絶妙なバランスで融合した街並みには多くのカフェが並びます。セーヌ河岸には数多くの歴史的建造物が林立し、ノートルダム寺院、ルーヴル美術館など世界遺産に指定されているものも少なくありません。

　フランスは文化財の保護に熱心です。歴史的建造物の維持管理だけではなく、景観保護にも力を入れており、1962 年に世界で初めて歴史的環境を保全する制度（マルロー法）が生まれました。現在も景観を保護するために、①看板や広告の色や位置を規制する②建物の高さを揃えるなど、さまざまな制度が存在しています。

　例えば、パリでは市内を 7 種類の区域にわけて広告規制を行い景観を守っています。歴史的建造物の 500m 以内では周囲の景観を守るために広告が禁止されています。派手な看板が印象的な世界のマクドナルドも、広告禁止区域に建てられる際は赤や黄色は使わず、M のマークは黒、他は茶色、白でシックにまとめられます。

手前は両替橋、奥はコンシェルジュリー

Leçon 4

日常の行動について語る（1）

Leçon 4 では 2 種類の規則動詞と曜日など時の表現を使って、
日常の行動について言えるようにします。

MODÈLE 1 🎧 1-36

J'aime beaucoup la musique.

J'écoute de la musique avec
mon i-Phone.

Le week-end, je chante souvent
au karaoké.

MODÈLE 2 🎧 1-37

Le mardi, Akira a deux cours le matin.

À midi, il mange à la cafeteria avec des
amis.

L'après-midi, il travaille quatre heures
dans un restaurant italien.

Le soir, il regarde un peu la télé.

1 第一群規則動詞（=er 型）の直説法現在形 🎧 1-38 （⇒ UNITÉ 1, Leçon 2, Leçon 3 参照）

● **作り方 ＝ 語幹**（不変化）＋ **活用語尾**（人称に応じて変化）

＊ つづりと発音の関係で活用の仕方にバリエーションがある *nous mangeons*

（⇒ Appendice 参照）

発音の特徴

① 活用語尾の発音　　je, tu, il, elle, ils, elles については発音しない

　　　　　　　　　nous　-**ons** [ɔ̃]、vous -**ez** [e]

② 動詞の語頭のつづり字と動詞活用形の発音

　　　　　　　子音 ⇒ je, tu, il, elle, ils, elles については活用形の発音が同じ

　　　　　　　母音 ⇒ 主語人称代名詞と動詞活用形の間にエリジオン・リエゾン・アンシェンヌマンなど綴りないしは音の変化が起こる

● **子音で始まる動詞**

chanter (=to song)			
je **chante**	[ʒə ʃɑ̃t]	nous **chantons**	[nu ʃɑ̃tɔ̃]
tu **chantes**	[ty ʃɑ̃t]	vous **chantez**	[vu ʃɑ̃te]
il **chante**	[il ʃɑ̃t]	ils **chantent**	[il ʃɑ̃t]

＊ 母音の前で **ne** ⇒ **n'**
＊ aimer, habiter と同様、écouter の否定形は **n'** が主語と動詞の間に入ることで音のつながりが変化する
nou**s é**coutons /
nous **n' é**coutons pas

● **母音で始まる動詞**

écouter(= to listen)			
j' **écoute**	[ʒekut]	nous **écoutons**	[nu zekutɔ̃]
tu **écoutes**	[ty ekut]	vous **écoutez**	[vu zekute]
il **écoute**	[i lekut]	ils **écoutent**	[il zekut]

écouter の否定形			
je **n'écoute** pas	[ʒə nekut pɑ]	nous **n'écoutons** pas	[nu nekutɔ̃ pɑ]
tu **n'écoutes** pas	[ty nekut pɑ]	vous **n'écoutez** pas	[vu nekute pɑ]
il **n'écoute** pas	[il nekut pɑ]	ils **n'écoutent** pas	[il nekut pɑ]

・ 練習しましょう! Exerçons-nous!

1. 「上手に歌を歌う（＝ chanter bien）」「音楽を聴く（＝ écouter de la musique）」をすべての人称で言いましょう。

2. 「家にいる（＝ rester à la maison）」を肯定と否定ですべての人称について言いましょう。

2 第二群規則動詞（-ir 型）の直説法現在形 🎧 1-39

● 作り方 ＝ 語幹（不変化）＋ 活用語尾（人称に応じて変化）

finir (= to finish)			
je **fin**is	[ʒə fini]	nous **fin**issons	[nu finisɔ̃]
tu **fin**is	[ty fini]	vous **fin**issez	[vu finise]
il **fin**it	[il fini]	ils **fin**issent	[il finis]

① 活用語尾の発音　　je, tu, il については [i]

nous -i**ssons** [isɔ̃]、vous -i**ssez** [ise]、ils -i**ssent** [is]

② 動詞の語頭のつづり字と動詞活用形の発音

子音 ⇒ je, tu, il については発音が同じ

母音 ⇒ 主語人称代名詞と動詞の間に音の変化が起こる

j'agis, vou**s a**gissez　< agir

1. finir の否定形の活用を言いましょう。

2. choisir（= to choose）の活用をすべての人称について言いましょう。

3 時の表し方（1） 🎧 1-40

曜日		週日 / 週末	一日の時間帯	
lundi	月	les jours de la semaine	le matin	朝
mardi	火	平日	à midi	昼
mercredi	水	le week-end 　週末	l'après-midi	午後
jeudi	木	＊en semaine 平日に	le soir	夕方・夜
vendredi	金		la nuit	夜中
samedi	土			
dimanche	日			

＊習慣を表す場合、曜日・
週日・週末の言葉には定
冠詞 **le**（**les**）をつける

ex **le** lundi
　les jours de la semaine
　le week-end

1. 「〇〇曜日には授業が ... あります」とフランス語で言いましょう。

2. 「週末にカフェで（= dans un café）/ レストランで（= dans un restaurant）/ スーパーで（= dans un supermarché）働いている（= je travaille）」とフランス語で言いましょう。

1 次の動詞の活用を書き、発音しましょう。

regard**er** (= to watch)　travaill**er** (= to work)　rentr**er** (= to go back)　arriv**er** (= to arrive)

je	....	je	....	je	....	j'	....
tu	....	tu	....	tu	....	tu	....
il	....	il	....	il	....	il	....
nous	....	nous	....	nous	....	nous	....
vous	....	vous	....	vous	....	vous	....
ils	....	ils	....	ils	....	ils	....

2 次の文章の主語を je、曜日を木曜日に変えて全体を書き換えましょう。

*Le mardi, Akira **a** deux cours le matin. Il **arrive** à la faculté à neuf heures. A midi, il **mange** à la cafeteria avec des amis. L'après-midi, il **travaille** dans un restaurant italien. Il **finit** son travail à huit heures. Il **rentre** à la maison et il **regarde** un peu la télé.*

....

....

....

....

3 リストから必要な語句を選び、指示にしたがってフランス語の文を作りましょう。動詞は適切な形に活用させましょう。

1. 「金曜日、私は友人達とカフェで話します」

....

2. 「土曜日、私達はカラオケで歌います」

....

3. 「木曜日、彼女達は４つ授業があります」

....

au karaoke,　dans un café,　avec des amis,　chanter,　parler,　avoir,　quatre cours,　le jeudi,
le vendredi,　le samedi

4 指示に従って質問に答えましょう。答えは省略せずに書きましょう。

1. Vous écoutez de la musique dans le train ? *(Oui)*　vous ＝複数

....

2. Le soir, tu regardes la télé ? （自分の状況にあわせて）

....

Leçon 5

日常の行動について語る（2）

Leçon 5 ではよく使う３つの不規則動詞と時刻の言い方を学んで、
日常の行動を詳しく言えるようにします。

 **1-41**

Sophie vient de Nice. Elle habite à
Kyoto.

 **1-42**

Le mardi, elle part de la maison à neuf heures et elle arrive à
la faculté à dix heures et quart.

 **1-43**

À dix heures quarante, elle a un cours de japonais. Après le
cours, à midi vingt, elle va à la cafeteria et elle mange avec
des amis.

 **1-44**

L'après-midi, elle étudie à la bibliothèque. Elle rentre à la
maison à cinq heures.

23

1 不規則動詞 aller, venir, partir 1-45

- ・不規則動詞は活用の変化が一定しない
- ・日常的によく使う動詞に不規則変化をするものが多い

● **aller, venir** の直説法現在形

aller (=to go)			
je **vais**	[ʒə vɛ]	nous **allons**	[nu zalɔ̃]
tu **vas**	[ty va]	vous **allez**	[vu zale]
il **va**	[il va]	ils **vont**	[il vɔ̃]

* nous, vous の活用でリエゾン（ex. nou**s** **a**llons）、否定形では ne ⇒ n'（ex. nous **n'**allons pas）となることに注意

* *aller bien* で「体やものごとの調子が良い」「（衣服が）似合う」という意味もある

ex Tu vas bien ?　元気にしてる？
Je vais bien.　私は元気です
Je ne vais pas très bien.　あまり調子がよくないです

venir (= to come)			
je **viens**	[ʒə vjɛ̃]	nous **venons**	[nu vnɔ̃]
tu **viens**	[ty vjɛ̃]	vous **venez**	[vu vne]
il **vient**	[il vjɛ̃]	ils **viennent**	[il vjɛn]

・*venir de ~* で「～出身である」という意味でも使われる
Je viens *de* Kyoto.
Je viens *d'*Osaka.

● **partir** の直説法現在形

partir (= to leave, to go)			
je **pars**	[ʒə par]	nous **partons**	[nu partɔ̃]
tu **pars**	[ty par]	vous **partez**	[vu parte]
il **part**	[il par]	ils **partent**	[il part]

① **je, tu, il** の活用
語尾のつづりは je –**s**, tu –**s**, il –**t**,
発音は je, tu, il まで同じ

② **nous, vous, ils** の活用
語尾のつづりは nous –**ons**, vous –**ez**, ils –**ent**
不定詞 **partir** の -**ir** の前にある子音字 -**t**- が活用語尾の前におかれる
par**t**ir　⇒　nous par**t**ons

* sortir「外出する」、dormir「眠る」も同じタイプの活用
je sors, il sort, vous sortez　　tu dors, il dort, nous dormons

 練習しましょう！ Exerçons-nous!

1. aller, venir, partir の否定形の活用を言いましょう。

2. je, vous について *aller au cinéma*「映画に行く」, tu, nous について *partir de la maison*「家を出る」を活用させて肯定形と否定形で言いましょう。

3. 自分の出身地、クラスメートの出身地をフランス語で言いましょう。

② 時の表し方（2） 🎧 1-46

● **時刻の表し方**：24 時間制、12 時間制の 2 種類がある

24 時間制 ＝ 乗り物の出発時刻の表示方法と同じ（時間 [数詞＋ heure(s)] ＋ 分 [数字]）

12 時間制 ＝ 一日を午前 12 時間、午後 12 時間に区切って時間を表示する
正午 (**midi**)、午前零時 (**minuit**)、15 分 (**et quart**)、30 分 (**et demie**)、前 15 分 (**moins le quart**) など数字を使わない表現を使う

	24 時間制			12 時間制		
1	une	heure	cinq	une	heure	cinq
2	deux	heures	dix	deux	heures	dix
3	trois	heures	quinze	trois	heures	*et quart*
4	quatre	heures	vingt	quatre	heures	vingt
5	cinq	heures	vingt-cinq	cinq	heures	vingt-cinq
6	six	heures	trente	six	heures	*et demie*
7	sept	heures	trente-cinq	sept	heures	trente-cinq
8	huit	heures	quarante	neuf	heures	moins vingt*
9	neuf	heures	quarante-cinq	dix	heures	*moins le quart*
10	dix	heures	cinquante	onze	heures	moins dix*
11	onze	heures	cinquante-cinq	*midi*		moins cinq*
12	douze	heures		*midi*		
13	treize	heures		une	heure	
14	quatorze	heures		deux	heures	
15	quinze	heures		trois	heures	
24	zéro	heure		*minuit*		

＊ heure(s) の -h- は発音しないので、前におかれる数詞の語末の子音との間にリエゾンやアンシェンヌマンが起きる　　　deu**x　heu**res

＊ 12 時間制表記でも 40 分以降に数字を添えて時間を表すこともできる。

ex neuf heures *moins vingt*　（9 時 20 分前）＝ huit heures quarante（8 時 40 分）

neuf heures *moins dix*　（9 時 10 分前）＝ huit heures cinquante（8 時 50 分）

⋅ 練習しましょう！ ⋅　　(Exerçons-nous!)

1. 1 〜 59 までの数字を復習しましょう。

2. つづりを見ながら音に注意してフランス語を聞き、時刻の言い方を発音しましょう。

3. Je pars (de la maison)（家を出る）と J'arrive à la faculté（大学に着く）にいろいろな時刻を組み合わせて言いましょう。　　　ex Je pars à huit heures.　　à ＋時刻　… 時に

1 次の動詞を活用して発音しましょう。

sortir (= to go out)				revenir (= to come back)		
je	....	nous	....	je	....	nous	....
tu	....	vous	....	tu	....	vous	....
il	....	ils	....	il	....	ils	....

2 フランス語で書いた時間を算用数字で表しましょう。

1. huit heures et quart ....
3. neuf heures moins le quart ....
2. trois heures et demie ....
4. midi ....

3 次の文章を指示に従って書き換え、音読しましょう。

*Mai **vient** de Nagano. Elle **habite** à Kyoto. Le mardi, elle **part** de la maison à 8 heures et elle **va** à la gare.*

1. (主語＝ je、出身＝山口、住んでいるところ＝福岡、水曜日、8 時半)

....

....

2. (主語＝ vous、出身＝横浜、住んでいるところ＝仙台、土曜日、10 時 15 分)

....

....

4 リストから適切な表現を選び、文の続きを作りましょう。

1. Nous n'allons pas ....
   (カラオケで歌いに行かない)

2. Tu viens ....
   (私と話しに来る)

3. Vous allez ....
   (レストランへ食事に行く)

> dans un café, dans un restaurant, à la maison, au karaoké, avec moi, manger, travailler, écouter, regarder, chanter, parler

5 指示に従って質問に対する答えを省略せずに書きましょう。vous はいずれも単数です。

1. Vous venez d'où ? (*Kanazawa*)   d'où ＝どこから？

....

2. En semaine, vous partez de la maison à quelle heure ? (*à huit heures*)

....

à quelle heure 何時に？

Leçon 6

日常の行動について語る（3）

Leçon 6 では 2 種類の不規則動詞と代名動詞と日付の言い方を学んで、
さらに詳しく日常の行動について言えるようにします。

 **MODÈLE 1** 🎧 1-47

Le 15 juin, c'est mon anniversaire.
J'invite toujours des amis pour le
fêter avec eux.

 **MODÈLE 2** 🎧 1-48

Pour préparer la fête, je fais d'abord
les courses au supermarché.
Ensuite, je rentre chez moi et je fais
la cuisine.

 **MODÈLE 3** 🎧 1-49

Mes amis viennent chez moi le soir.
Nous prenons le dîner ensemble.
Nous parlons beaucoup en écoutant
de la musique.

en écoutant：「聴きながら」

1 不規則動詞 faire, prendre の直説法現在形 🎧 1-50

● **faire, prendre** ＝頻繁に用いられ、結びつく名詞に応じて様々な意味を表す
　　　　　　　　慣用表現にも多く使われる

faire (=to do, to make)			
je **fais**	[ʒə fɛ]	nous **faisons**	[nu fəzɔ̃]
tu **fais**	[ty fɛ]	vous **faites**	[vu fɛt]
il **fait**	[il fɛ]	ils **font**	[il fɔ̃]

＊ nous **faisons** の -ai- の読み方は例外
cf. je v**ais** [ʒə vɛ]　j'**ai** [ʒe]

prendre (= to take)			
je **prends**	[ʒə prɑ̃]	nous **prenons**	[nu prənɔ̃]
tu **prends**	[ty prɑ̃]	vous **prenez**	[vu prəne]
il **prend**	[il prɑ̃]	ils **prennent**	[il prɛn]

● **faire, prendre** を使ったよく使う表現 🎧 1-51

faire	prendre
faire le ménage　掃除する 　　　 la cuisine　料理する 　　　 les courses　買い物する 　　　 du sport　スポーツする 　　　 (du tennis / du vélo) 　　　　　　　　　自転車	**prendre** le train / le bus / le métro / la voiture　乗り物に乗る 　　　　　　　　　　　　　　　　　　　　　　車 　　　　 une douche　シャワー / un bain　お風呂 　　　 le petit déjeuner / le déjeuner / le dîner 　　　　　　　朝食　　　　　　　昼食　　　　夕食

練習しましょう！　Exerçons-nous!

1. faire, prendre の否定形の活用を言いましょう。
2. 次のものを日常的にするかしないか言いましょう。

　　① そうじ　　　② 料理　　　③ スポーツ（「スポーツをしない」は Je ne fais pas *de* sport.）
3. 自分が朝食を何時にとるか言いましょう。

2 代名動詞の直説法現在形 🎧 1-52

● **代名動詞**＝「自分自身」を表す再帰代名詞を伴って変化する動詞
　　　　　　動詞の語尾以外に再帰代名詞も主語の人称に応じて変化する

＊ よく使われる代名動詞：se lever（起きる、立ち上がる）, se promener（散歩する）, se reposer（休息する）, s'habiller（服を着る）, se brosser（[髪を] とかす、[歯を] 磨く）, s'appeler（名前が〜である）, se dépêcher（急ぐ）など

● **se lever, se coucher** の直説法現在形

se lever (=to get up, to stand up)			
je **me lève**	[ʒ(ə) mlɛv]	nous **nous levons**	[nu nu ləvɔ̃]
tu **te lèves**	[ty tlɛv]	vous **vous levez**	[vu vu ləve]
il **se lève**	[il slɛv]	ils **se lèvent**	[il slɛv]

※ 動詞の語尾変化は -er 型動詞のヴァリエーション。語尾の変化は -er 型動詞と同じ

※ je, tu, il, ils の動詞の部分（ex. je me lève）にアクサングラーヴがつくことに注意

se coucher (=to go to bed)			
je **me couche**	[ʒ(ə) mkuʃ]	nous **nous couchons**	[nu nu kuʃɔ̃]
tu **te couches**	[ty tkuʃ]	vous **vous couchez**	[vu vu kuʃe]
il **se couche**	[il skuʃ]	ils **se couchent**	[il skuʃ]

※ 動詞の語尾変化は -er 型

 練習しましょう！ (Exerçons-nous!)

1. se lever の否定形の活用を言いましょう。

2. ① 朝何時に起きるか、② 夜何時に寝るか、をフランス語で言いましょう。

3 時の表し方（3） 🎧 1-53

月 (mois)		日付 (date)
en janvier	1月	*le* (曜日) ＋ 日 ＋ 月
février	2月	
mars	3月	ⓔ
avril	4月	le 1ᵉʳ janvier
mai	5月	le 3 mars
juin	6月	le 7 juillet
juillet	7月	le 25 décembre
août	8月	
septembre	9月	le mardi 5 mai
octobre	10月	
novembre	11月	
décembre	12月	

● 曜日・月のたずね方

Quel jour sommes-nous ?
- Nous sommes mercredi.
En quel mois sommes-nous ?
- Nous sommes en juin.

● 日付のたずね方

Le jour de l'an, c'est *le combien* ?
- C'est le 1ᵉʳ janvier.

 練習しましょう！ (Exerçons-nous!)

1. 聞こえたフランス語の日付を書きとりましょう。

2. 自分の誕生日 (anniversaire) の日付を言いましょう。

1 次の動詞の活用を書き発音しましょう。

s'habill**er**	se promen**er**	se bross**er** [les dents]
je	je	je ....
tu	tu	tu ....
il	il	il ....
nous	nous	nous ....
vous	vous	vous ....
ils	ils	ils ....

! se promener の変化は se lever と同じで、je, tu, il, ils の活用については、子音 er の前の e にアクサングラーヴがつきます。 **ex** je me prom**è**ne

2 次の文章の主語を elle に変えて文章全体を書き換えましょう。

*Le week-end, je **fais** souvent une fête avec des amis. Pour préparer la fête, je **fais** d'abord les courses. Ensuite, je **rentre** et je **fais** la cuisine. Mes amis **viennent** à la maison le soir. Nous **prenons** le dîner ensemble.*

....

....

....

....

3 指示に従って質問に答えましょう。答えは省略せずに書きましょう。

1. Qu'est-ce que vous prenez pour venir à la faculté ? (*le train et le bus*)

vous ＝単数

....

2. Ton anniversaire, c'est quand ? （自分について）

....

3. Le vendredi, vous vous levez à quelle heure ? （自分について） vous ＝複数

....

4. Vous vous brossez les dents avant ou après le petit déjeuner ?

（自分について） vous ＝複数

....

1　UNITÉ 2 で学んだ表現を使い、簡単な自己紹介と火曜日の時間の使い方について文章を作りましょう。

書く内容（ **ex** 　名前、出身、住んでいるところ、起床、家を出る、大学までの交通機関、大学に着く時間、いくつ授業があるか、お昼はどこで食べるか、アルバイト、テレビは見るか、音楽は聴くか、就寝）＊下線部は必須項目

2 -1.　Akira は友人の留学生 Sophie にインタビューをしています。会話を読んで下の 2-2. 〜4. に答えましょう。　🎧 1-54

Akira — Sophie, tu viens d'où en France ?

Sophie — Je viens de Nice. J'habite à Kyoto, maintenant.

maintenant：いま

A. — Alors, tu prends le bus pour aller à la faculté ?

S. — Oui, c'est ça.

A. — À midi, tu manges à la cafeteria ?

S. — Oui, je vais à la cafeteria, mais je mange un bento.

A. — C'est bien ! Et après les cours, qu'est-ce que tu fais ?

S. — J'étudie souvent à la bibliothèque.

A. — Et le soir ?

S. — Je fais la cuisine, je dîne et j'écoute de la musique.

A. — Tu ne regardes pas la télévision ?

S. — Le matin, je regarde un peu la télé, mais le soir, non.　un peu：少し

A. — Bon. Tu te couches à quelle heure ?

S. — Je me couche vers minuit.　　　　　　　　　　vers：頃

2 -2.　Sophie に関する情報を整理しましょう。

2 -3.　ペアで会話を練習しましょう。

2 -4.　tu を vous に変えて質問を書き換えましょう。

発音とつづり（2）

　フランス語のつづりの読み方は大変規則的で例外は非常に少ない。読み方のコツを覚えれば、ほとんど迷うことなくつづりを読むことができる。

IV　単母音字の読みかた　🎧 1-55

a	[ɑ]	je ne suis pas
	[a]	a̲mi, l̲a musique, a̲ller au cinéma̲
i, î, ï, y	[i]	ci̲néma, i̲tali̲en, sy̲nony̲me
u	[y]	mu̲sique, lectu̲re, su̲permarché
é	[e]	é̲tudiant, télé̲, faculté̲
è, ê	[ɛ]	frè̲re, mè̲re, niè̲ce
o	[o]	vo̲s parents, no̲s frères
	[ɔ]	vo̲tre père, no̲tre mère

V　複母音字の読みかた　🎧 1-56

ai	[e]	frança̲is, angla̲is, j'a̲i
	[ɛ]	j'a̲ime, sema̲ine, café au la̲it
ei	[ɛ]	Tour Ei̲ffel, trei̲ze, sei̲ze
au, eau	[o]	au̲ Japon, beau̲coup, restau̲rant, eau̲
ou, où	[u]	vou̲s habitez où̲ ?, j'écou̲te
oi, oî	[wa]	mademoi̲selle, chinoi̲s, boî̲te, bonsoi̲r
eu	[ø]	monsi̲eu̲r, chanteu̲se, serveu̲se
	[œ]	acteu̲r, serveu̲r, chanteu̲r, heu̲re
œu	[œ]	sœu̲r, cœu̲r
e	[ə]	se̲maine, nous pre̲nons

VI　鼻母音になるつづり字と発音　🎧 1-57

母音字＋« n », « m »　« n », « m » の音を発音するわけではなく、母音が鼻に抜ける音になる

an, am, en, em	[ã]	a̲nglais, e̲mployé, da̲ns, pare̲nts, je re̲ntre
on, om	[ɔ̃]	Japo̲n, o̲nze, maiso̲n
ain, aim, ein, eim,		
in, im, yn, ym, 語尾の en	[ɛ̃]	américai̲n, ci̲nq, mati̲n, corée̲n
cf. ien	[jɛ̃]	itali̲en, bi̲en
un, um	[œ̃]	u̲n, lu̲ndi, parfu̲m

　cf. フランスで話されているフランス語では -un, -um は [ɛ̃] と発音される傾向が強い。ベルギーのフランス語では現在も -un, -um は [œ̃] と発音される。

フランス語の口腔母音の関係図

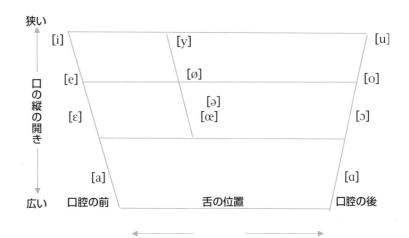

練習しましょう!  Exerçons-nous! 🎧 1-58

1. フランス語を聞いて発音している方に印をつけましょう。

1. sur / sous
2. Ain / an
3. pan / pain
4. un / an
5. sur / sœur

2. 下線部の発音に注意して次の文を読みましょう。

1. Philippe est serv<u>eu</u>r. Il <u>ai</u>me la lect<u>u</u>re.
2. Le s<u>oi</u>r, j'éc<u>ou</u>te de la m<u>u</u>sique.
3. Le l<u>un</u>di, je v<u>ai</u>s <u>au</u> supermarché.
4. Le v<u>en</u>dredi, j'ai d<u>eu</u>x c<u>ou</u>rs le mat<u>in</u>.
5. Ils <u>on</u>t vingt <u>an</u>s.

UNITÉ 2 で学んだ文法と語彙を使うと、次の内容についてコミュニケーションをすることができます。

- ☐ a. 自分が掃除・料理・スポーツをするかどうか言う / 相手に尋ねる
- ☐ b. 自分がどこの出身か言う / 相手に尋ねる
- ☐ c. 自分の誕生日を言う / 相手に尋ねる
- ☐ d. 各曜日に自分がいくつ授業があるか言う / 相手に尋ねる
- ☐ e. 各曜日に自分が何時に家を出て大学に着くか言う / 相手に尋ねる
- ☐ f. 自分が放課後すること・週末にすること（ex. バイト、図書館で勉強、映画）を言う / 相手に尋ねる
- ☐ g. 各曜日に自分が朝何時に起きるか・夜何時に寝るか言う / 相手に尋ねる
- ☐ h. 家族や友人について a.~g. のことを言う / 尋ねる
- ☐ i. a.~h. について書かれた文章を読んで内容を理解する

フランス文化 Petit 情報

フランス料理

　フランス料理は中華料理、トルコ料理と共に世界三大料理と呼ばれています。フランス美食学は 2010 年にユネスコの無形文化遺産にも登録されており、格式あるディナーではフランス料理のフルコースが出されることもよくあります。このようなフランス料理の基となったのは 17 世紀の宮廷料理です。宮廷料理は王侯貴族の間だけで食されていたものですが、フランス革命後にレストランの普及と共に市民層まで広がりました。19 世紀後半にはエスコフィエによってフランス料理は体系化され調理技術も理論的に構築されました。

　フランス料理のコースは一般的に前菜（オードブル [hors-d'œuvre] / アントレ [entrée]）、メインディッシュ（plat principal）、デザート（dessert）またはチーズ（fromage）で構成されています。メインディッシュは基本的に魚か肉のどちらかですが、豪華なコースでは両方提供されます。カフェレストランなどのランチ（plat du jour）はメインディッシュのみ、あるいは軽い前菜とメインディッシュの組み合わせになります。

　なんとなく敷居の高い印象を与えるフランス料理ですが、豪華なコース料理は日本料理でいうと懐石料理のようなもので、一般の家庭で食べる料理は牛の塊肉と野菜を煮込んだポトフのようにシンプルです。また、各地方には特産の素材を生かした郷土料理があり、訪れた人は豊かな食文化を楽しむことができます。

ステーキと山盛りフライドポテトは大衆的なフレンチメニューの定番です。

Leçon 7

好き嫌いとその理由を言う

Leçon 7 では Leçon 3 で学んだ aimer に加えて複数の動詞と程度の表現、
主観的評価を示す表現を使い、好き嫌いとその理由を言えるようにします。

Akira adore regarder les films.

Il va au cinéma 2 fois par mois.

Mais il n'aime pas beaucoup

regarder la télé.

Ce n'est pas très intéressant.

Mika aime bien le cinéma, mais elle

préfère les comédies musicales.

C'est cool et excitant !

Elle va donc souvent au théâtre.

Quels sont les passe-temps favoris de Sophie?

- Elle aime beaucoup chanter et danser. Elle aime aussi parler

avec des amis. Et, elle adore voyager !

1 好き嫌いの表し方 🎧 1-62

　3課で学んだ aimer 以外にも、***préférer, adorer, détester*** など好き嫌いを表す動詞がある。これらの動詞はすべて次のような構文を取る：

> **動詞 ＋ もの / 不定詞（動詞の原形）**

● 好き嫌いの程度の表し方

（♡♡♡）	**adorer**	Ma grand-mère *adore* les chats !
↑		私の祖母はネコを熱愛してます！
（♡♡）	**aimer beaucoup**	Ma mère *aime beaucoup* chanter au karaoké.
↑		私の母はカラオケで歌うのが大好きです。
（♡）	**aimer (bien)**	J'*aime bien* aller au cinéma.
↑		私は映画に行くのが好きです。
（♥）	**ne pas beaucoup aimer**	Mon père *n'aime pas beaucoup* regarder la télé.
↑		私の父はテレビを見るのはあまり好きではありません。
（♥♥）	**ne pas aimer**	Mon frère *n'aime pas* les carottes.
		私の弟はニンジンが嫌いです（好きではありません）。
↑	**ne pas du tout aimer**	Ma sœur *n'aime pas du tout* faire la cuisine.
		私の姉は料理がまったく好きではありません。
（♥♥♥）	**détester**	Mon grand-père *déteste* les animaux.
		私の祖父は動物が大嫌いです。

・練習しましょう！ Exerçons-nous!

1. 次のもの・することについて「大嫌い」〜「大好き」と言う練習をしましょう。

① les chiens　　　　② le natto　　　　③ danser

2. 上記 1 であげたもの・することについて自分の好き嫌いを言いましょう。

2 動詞 préférer の直説法現在形と構文 🎧 1-63

préférer (= to prefer)			
je **préfère**	[ʒə prefɛr]	nous **préférons**	[nu preferɔ̃]
tu **préfères**	[ty prefɛr]	vous **préférez**	[vu pfefere]
il **préfère**	[il prefɛr]	ils **préfèrent**	[il prefɛr]

＊ -f- の後の -e- のつづりに注意！
・je, tu, il, ils の活用
　　　→ -**è**- [ɛ]
・nous, vous の活用
　　　→ -**é**- [e]

ex Tu *préfères* le café ou le thé ?　　　　コーヒーと紅茶どちらが好き？
　- Je *préfère* le thé.　　　　　　　　　　−紅茶の方が好きです。
　Nous *préférons* rester à la maison.　　　私たちは家にいる方が好きです。
　Daniel *préfère* le cinéma à la télévision.　ダニエルはテレビより映画が好きです。
　　　（cinéma > télé）

練習しましょう！ (Exerçons-nous!)

1. préférer を使い、どちらが好きか尋ねる質問を作りましょう。（主語は vous / tu）

　　① les chiens / les chats　　② la mer / la montagne　　③ sortir / rester à la maison

2. ペアで上の①〜③についてやり取りをしましょう。

（**3**）　**好き嫌いの理由の表し方** 🎧 1-64

C'est + 形容詞（主観的な評価を表すもの）

ex　J'*aime beaucoup* les *mangas*.　*C'est amusant.*
　　私はマンガが大好きです。　　　　　楽しいです。

　　Les Français *adorent* le football.　*C'est excitant* !
　　フランス人はサッカーを熱愛してます。　エキサイティングだから！

主観的評価を表す形容詞 🎧 1-65

＋（プラス）の評価になるもの		－（マイナス）の評価になるもの	
C'est amusant.	楽しい	C'est dur.	つらい
C'est cool.	かっこいい	C'est ennuyeux.	退屈だ
C'est excitant.	エキサイティング	C'est embêtant.	面倒くさい
C'est intéressant.	興味深い	C'est fatigant.	疲れる
C'est mignon.	かわいい	C'est lent.	遅い
C'est pratique.	便利だ	C'est triste.	悲しい
C'est reposant.	ほっとする	！ ＋（プラス）評価の文を否定形にすることで－（マイナス）評	
	（癒される）	価を表すこともできる：	
C'est rapide.	速い	Ce n'est pas pratique.　不便だ	

練習しましょう！ (Exerçons-nous!)

1. ＋（プラス）の評価の表現を否定形にして－（マイナス）評価の表現にしましょう。

2. 次のもの・することについて好き嫌いを言い、理由を添えましょう。

　　① le football　　　　　② les dessins animés　　　　　③ voyager

1 日本語の意味に合うように A と B を結びましょう。

	A	B	
1.	Il n'aime pas beaucoup	· lire	読書するのが大好き
2.	Je déteste	· pêcher à la ligne	釣りを熱愛している
3.	Mon père n'aime pas	· faire la cuisine	料理をするのはあまり好きでない
4.	Mon oncle adore	· regarder la télé	テレビを見ることが好きでない
5.	Ma sœur aime beaucoup	· faire le ménage	掃除をするのは大嫌いだ

2 次の答えになる質問を作りましょう。

1. Oui, j'aime beaucoup l'Internet. C'est pratique.

....

2. Non, elle déteste faire du sport. Parce que c'est fatigant.

....

3. Pour aller à l'aéroport du Kansai, nous préférons prendre le train. C'est plus rapide.

....

3 質問に答え、理由を添えましょう。答えは省略せずに書きましょう。

1. Laure et Pierre aiment inviter des amis chez eux ?
   （大好き、理由①楽しい、②料理をするのが好き）

....

....

2. Vous aimez dîner au restaurant ?

....

....

3. Le week-end, vous préférez sortir ou rester à la maison ?　　　　（自分の好みに応じて）

....

....

Leçon 8

許可・禁止・可能性・希望・義務を表す

Leçon 8 では 3 つの不規則動詞を使って、許可・禁止・
可能性・希望・義務を表せるようにします。

MODÈLE 1  1-66

A la bibliothèque, vous pouvez étudier et lire, mais vous ne pouvez pas bavarder. Vous devez rester silencieux.

MODÈLE 2  1-67

Vous voulez boire quelque chose ?

- Un coca, s'il vous plaît.

MODÈLE 3  1-68

Vous pouvez lire votre réponse, s'il vous plaît ?

MODÈLE 4  1-69

Vous voulez m'envoyer un mail ?

UNITÉ 3

Leçon 8

39

I 動詞 pouvoir と許可・禁止・可能性の表し方 🎧 1-70

● **pouvoir の直説法現在形**

pouvoir (= can)				
je **peux**	[ʒe pø]	nous **pouvons**	[nu puvɔ̃]
tu **peux**	[ty pø]	vous **pouvez**	[vu puve]
il **peut**	[il pø]	ils **peuvent**	[il pœv]

pouvoir：不規則動詞

・英語の can とほぼ同じ意味を持つ補助動詞

・pouvoir + 動詞の原形不定詞で許可・可能性・禁止などさまざまなニュアンスを表す

許可	On *peut* stationner ici ?	（私達は）ここに駐車してもいいですか？
	Tu *peux* manger ici si tu as faim.	お腹すいてたらここで食べてもいいよ。
禁止	Vous *ne pouvez pas* bavarder à la bibliothèque.	図書館でおしゃべりしてはいけません。
	Les passagers *ne peuvent pas* laisser leurs bagages dans le compartiment.	乗客は荷物をコンパートメントに残してはいけません。
可能	Elle *peut* venir à la fête samedi soir.	彼女は土曜夜のパーティーに来られます。
	Vous *pouvez* travailler le week-end ?	週末仕事できますか？
	- Bien sûr, je *peux* travailler le week-end.	－もちろん、週末に仕事できます。

cf. **主語人称代名詞 on**

・活用は 3 人称単数の il, elle と同じだが、意味は「私達」または「（一般的に）人々」となる。

ex En Suisse, *on parle* allemand, français et italien.

スイスではドイツ語、フランス語、イタリア語が話される。
（人々はドイツ語、フランス語、イタリア語を話す）

・練習しましょう！・ Exerçons-nous!

1. すべての人称について pouvoir の否定形を言いましょう。

2. je, on について、次の事柄をしてもいいかどうか尋ねる文を作りましょう。

① téléphoner ② aller aux toilettes ③ entrer dans la salle

3. 上記 2 の①〜③の事柄について「許可する」返事と「許可しない（＝禁止する）」返事を作りましょう。
主語は tu, vous を使いましょう。

2 動詞 devoir, vouloir と義務・希望の表し方 🎧 1-71

● **devoir, vouloir の直説法現在形**

devoir (=must)			
je **dois**	[ʒə dwa]	nous **devons**	[nu dəvɔ̃]
tu **dois**	[ty dwa]	vous **devez**	[vu dəve]
il **doit**	[il dwa]	ils **doivent**	[il dwav]

vouloir (= to want)			
je **veux**	[ʒə vø]	nous **voulons**	[nu vulɔ̃]
tu **veux**	[ty vø]	vous **voulez**	[vu vule]
il **veut**	[il vø]	ils **veulent**	[il vœl]

・devoir は英語の must とほぼ同じ意味の補助動詞

ⓔ Tu dois rentrer à la maison avant 20 heures.

20 時までに帰宅しないといけないよ。

・一人称単数（je）で希望を表す際は条件法現在形の **je voudrais...** を使うことが多い

ⓔ Je voudrais faire un voyage en France en été.

夏にフランス旅行をしたいです。

● 練習しましょう！ Exerçons-nous !

1. devoir, vouloir を否定形で活用させましょう。

2. tu, vous について、次の事柄をしなければならないと言いましょう。
　　① prendre le petit déjeuner　　② parler fort　　③ travailler dur

3. je, nous について、次の事柄をしたいと言いましょう。

　　① faire un voyage　　② aller au cinéma　　③ manger dans un izakaya

3 pouvoir, vouloir と依頼・誘いの表現 🎧 1-72

　2 人称に対して pouvoir, vouloir を疑問形で使うと「～してもらえますか？」「～しませんか？」を表すことがある。英語の can (could) や will (would) を使った文と同様に、日常でも依頼や誘いの表現としてよく使われる。

Peux-tu me donner ton adresse e-mail ?
- *Bien sûr.*
Tu ne *veux* pas aller au cinéma avec moi ce soir ?
- Ah, oui. *C'est une bonne idée / Avec plaisir.*
- *Désolé(e). Ce n'est pas possible.*

メールアドレスもらえるかな？
－もちろん。
今晩一緒に映画に行かない？
－ええ、いい考えね / 喜んで。
－ごめんね。できないの。

依頼・誘いを受け入れる場合		依頼・誘いを断る場合	
Bien sûr.	もちろん	Désolé(e).	すみません
D'accord.	OK	Ce n'est pas possible.	無理なんです
Avec plaisir.	喜んで	Je ne peux pas.	できません
C'est une bonne idée.	いい考えですね	Je suis occupé(e).	用事があるんです
Pourquoi pas.	いいですね	Je ne suis pas libre.	暇ではありません

🎧 1-73

1 日本語の意味に合うように A と B を結びましょう。

A	B	
1. Ils peuvent	· téléphoner à la bibliothèque	図書館で電話できない
2. Elles ne veulent pas	· bavarder dans un café	カフェでおしゃべりしたい
3. On ne peut pas	· se lever le matin	朝起きたくない
4. Vous devez	· boire et manger	飲食してもよい
5. Nous voulons	· travailler le week-end	週末はバイトしないといけない

2 指示に従って省略せずに答えを書きましょう。

1. Tu peux venir demain matin ? (Oui)

2. Elle veut aller danser en boîte ? (Non)

3. On peut stationner devant le magasin ? (Non)

3 依頼の文と、その前提となっている事柄を結びつけましょう。

1. Pouvez-vous fermer la fenêtre, s'il vous plaît ?　　· 今は忙しい
2. Veux-tu bien me donner ta réponse ce soir ?　　· 練習問題の答え合わせをしている
3. Tu peux écrire la réponse au tableau ?　　· 雨が降ってきた
4. Voulez-vous bien me téléphoner dans une heure ?　　· パーティーに誘われている

4 pouvoir / vouloir を使って次のことを依頼する文を作りましょう。

1. me téléphoner ce soir

2. parler plus fort / moins fort

3. ouvrir la fenêtre

Leçon 9

文の作り方のまとめ

Leçon 9 では疑問文の作り方を学びます。
また、否定文の作り方を復習・応用して微妙な意味を表せるようにします。

MODÈLE 1 🎧 1-74

La mère de Mika est-elle femme au foyer ?

- Non, elle travaille dans un hôpital. Elle est infirmière.

MODÈLE 2 🎧 1-75

Pourquoi ne vas-tu pas au café avec des amis après les cours ?

- Parce que je n'aime pas beaucoup parler avec des gens. Après les cours, je ne vois personne et je rentre à la maison.

MODÈLE 3 🎧 1-76

Avec qui Marie va-t-elle au cinéma ce week-end ?

- Elle va au cinéma avec sa sœur.

1 疑問文の作り方 🎧 1-77

・フランス語の疑問文の作り方は **3** 種類ある

1. 文末のイントネーションを上げる　　Tu es étudiant ?　　　　君は学生なの？
2. 文頭に **Est-ce que** をつける　　　*Est-ce que* tu es étudiant ?
3. 主語と動詞を倒置する　　　　　　　*Es-tu* étudiant ?
   　倒置した主語と動詞は trait d'union(-) でつなぐ

・ヴァリエーション

1. 疑問詞（疑問表現）がある場合

   　　S V 疑問詞 ?　　　　　　　Tu habites *où* ?　　　どこに住んでいるの？
   　　疑問詞 est-ce que S V ?　　*Où* est-ce que tu habites ?
   　　疑問詞 V-S ?　　　　　　　*Où* habites-tu ?

2. 倒置疑問文のヴァリエーション

   　・主語が人称代名詞でない場合　　　ⓔ Mika est étudiante ?　　　ミカは学生ですか？
   　　主語 V-S（主語と同じ人称代名詞）?　　*Mika* est-*elle* étudiante ?

   　・倒置した人称代名詞と動詞が母音＋母音になる場合　ⓔ Elle a 19 ans ?　　彼女は 19 歳？
   　　V-t-S ?　　　　　　　　　　　　　　　　　　　*A-t-elle* 19 ans ?

   　・否定文の場合　　　　　　　　　ⓔ Tu n'es pas étudiant ?　　君は学生じゃないの？
   　　Ne V-S pas ?　　　　　　　　*N'es-tu pas* étudiant ?
   　　主語 ne V-S pas ?　　　　　　*Mika n'a-t-elle pas* 19 ans ?
   　　　　　　　　　　　　　　　　　=Mika n'a pas 19 ans ?　　ミカは 19 歳じゃないの？

2 疑問詞と疑問表現 🎧 1-78

・疑問詞は英語と同様「いつ **quand**」「どこで **où**」「だれが **qui**」「何を **quoi**」「どのように **comment**」がある。
・疑問詞以外に疑問形容詞 **quel** を使い、さまざまな疑問表現を作ることができる。
　　quel âge ?　　　　　*quelle* heure ?　　　　　*quelle* profession ?

● 疑問詞と疑問表現の例

人	qui（だれ）avec qui（だれと） à qui（だれに）		時	quand（いつ）
			時刻	à quelle heure（何時に）
もの	qu'est-ce que / que / quoi（何）			de quelle heure à quelle heure
様態	comment（どんな：副詞）			（何時から何時まで）
	quel（どんな：形容詞）		曜日	quel jour（何曜日）
場所	où（どこ）		月	quel mois（何月）
数	combien（いくら/いくつ）		年	quelle année（何年）
			日付	le combien（何月何日）

cf. 「誰と」**avec qui**「誰に」**à qui** など、**前置詞＋疑問詞**で作る疑問表現もある。疑問形容詞 quel については Appendice 参照。

1. *Est-ce que* をつけた疑問文にしましょう。

1. Tu es japonais ?

2. Miki aime chanter ?

3. Sophie part de la maison à quelle heure ?

2. 主語と動詞を倒置させた疑問文にしましょう。

1. Tu habites à Osaka ?

2. Vous habitez où ?

3. Il n'est pas français ?

3 否定文の作り方の確認とヴァリエーション 🎧 1-79

・否定文にするには動詞を **ne ...pas** で挟む   ⓔⓧ Je *ne* suis *pas* américain.
 私はアメリカ人ではありません。

・**ne ...pas** で挟むのは活用している動詞のみ   ⓔⓧ Je *n'aime pas* chanter au karaoké.
 カラオケで歌うのは好きではありません。

Mika *ne* va *pas* manger au restaurant.
 ミカはレストランには食事に行きません。

・**ne...pas** 以外にも様々な否定の表現がある：

ne ... jamais（決して ... ない）   ⓔⓧ Paul *ne* boit *jamais* de café.
 ポールは絶対にコーヒーを飲みません。

ne... rien（何も ... ない）   ⓔⓧ Le matin, je *ne* mange *rien*.
 朝は、僕は何も食べません。

ne... personne（誰も ... ない）   ⓔⓧ *Personne ne* parle pendant l'examen.
 テスト中は誰も話しません。

次の文を ne...pas を使った否定文にしましょう。

1. Philippe et Paul sont français.

2. Nous aimons le café.

3. Je voudrais aller au cinéma ce week-end.

1 次の疑問文をイントネーションを用いた疑問文に書き換えて、日本語に訳しましょう。

ex *Est-il japonais ?* ⇒ *Il est japonais ?*

1. Où est-ce que tu habites ?

   ....

2. Paul est-il belge ?

   ....

3. À quelle heure Mika part-elle de la maison ?

   ....

4. Le frère d'Akira n'aime-t-il pas faire du sport ?

   ....

5. Avec qui est-ce que tu vas chanter au karaoké ?

   ....

2 次の疑問文を倒置疑問文に書き換え、日本語に訳しましょう。

ex *Tu vas manger au restaurant ?* ⇒ *Vas-tu manger au restaurant ?*

1. Tu veux aller boire un verre avec nous ?

   ....

2. Vous parlez quelles langues ?

   ....

3. Pourquoi elle ne va pas danser en boîte ce soir ?

   ....

4. Vous aimez écouter de la musique ?

   ....

3 日本語の意味に合う否定文にしてください。

1. La sœur de Mika .... va .... à la faculté à moto.
   ミカの姉は決してバイクでは大学に行かない。

2. Le matin, le frère d'Akira .... mange ...., parce qu'il .... a ....
   faim.
   朝、アキラの弟は何も食べない。空腹ではないから。

3. Le week-end, je .... vois ...., parce que je reste à la maison.
   週末、私は誰にも会わない。家に居るから。

1 -1. 下の表現を参考にして会話を読み、**1-2.**〜**3.** を行いましょう。 🎧 1-80

serveur — Bonjour Madame.

cliente — Bonjour Monsieur. Je voudrais un café au lait et un croissant, s'il vous plaît.

s. — Voilà, Madame.

c. — Merci beaucoup.

c. — Monsieur, l'addition, s'il vous plaît.

s. — Un café au lait et un croissant, ça fait six euros.

c. — On peut payer par carte ?

s. — Désolé, madame. Nous n'acceptons que les espèces.

c. — D'accord. Voilà.

s. — Merci Madame.

c. — Au revoir, Monsieur.

s. — Au revoir, Madame.

　　cliente = 女性客　　*ça fait ...* = 値段が…になる　　*ne ... que* ~ = ~だけ…する

1 -2. 会話の情報を整理しましょう。

1 -3. ペアで会話の練習をしましょう。

2　次のことができるかフランス語で尋ねましょう。

買い物で使える表現 🎧 1-81

Je voudrais	…が欲しいのですが
..., s'il vous plaît	（欲しいものがある時に）…をお願いします
Vous avez ... ?	…はありますか?
L'addition, s'il vous plaît.	（レストラン・カフェで）お勘定お願いします
On peut payer par carte / avec carte ?	（クレジット）カードで払えますか?
	Cf. 現金は *espèces*
Ça coûte combien / C'est combien ?	値段はいくらですか?
Ça fait combien ?	（複数のものを買って）合計でいくらになりますか?
Voilà.	（品物やお金などを渡す時に）はい、どうぞ

VII **《 e 》の読みかた** 🎧 1-82

《 e 》は基本的に「エ」と発音しない（[ə] または無音）が、次の場合は [e] / [ɛ]（「エ」）と発音される：

1. **子音で終わっている 1 音節の単語の《 e 》**

   ⓔⓧ l<u>e</u>s, m<u>e</u>s, t<u>e</u>s, s<u>e</u>s

2. **同じ子音字が 2 つ続く場合、その前にある《 e 》**

   ⓔⓧ Angl<u>e</u>terre, je m'app<u>e</u>lle, supér<u>e</u>tte

3. **s, m, n 以外の語尾の子音字の前にある《 e 》**

   ⓔⓧ av<u>e</u>c, s<u>e</u>c

4. **音節が子音字で終わっている場合、その前にある《 e 》**

   ⓔⓧ ha/bi/t<u>e</u>r, par/l<u>e</u>r, m<u>e</u>r/ci

VIII **子音字の読み方** 🎧 1-83

子音字の読み方は次にくる母音字の種類によって変わることがある：

c	[k]	（a, o, u が続く場合）	<u>c</u>afé, <u>c</u>omment, <u>c</u>uir
	[s]	（e, i, y が続く場合）	mer<u>c</u>i, <u>c</u>e, <u>c</u>ycle
ç	[s]		<u>ç</u>a va ?, fran<u>ç</u>ais, gar<u>ç</u>on
g	[g]	（a, o, u が続く場合）	élé<u>g</u>ant, re<u>g</u>arder, <u>g</u>are
		（子音が続く場合）	<u>g</u>rand-père, an<u>g</u>lais
	[ʒ]	（e, i, y が続く場合）	man<u>g</u>er, bel<u>g</u>e, <u>g</u>ymnastique, chan<u>g</u>er
s	[z]	（母音＋ s ＋母音）	ba<u>s</u>e, mai<u>s</u>on, mu<u>s</u>ique
		（リエゾンした s）	vou<u>s</u> avez, nou<u>s</u> aimons
	[s]	（s の前後どちらかが子音字）	journali<u>s</u>te, anniver<u>s</u>aire
		（語頭の s）	<u>s</u>œur, <u>s</u>emaine, <u>s</u>amedi

th	[t]	<u>th</u>éâtre, <u>th</u>é, biblio<u>th</u>èque
ch	[ʃ]	<u>ch</u>anter, <u>Ch</u>arles, <u>ch</u>ocolat
qu	[k]	<u>qu</u>estion, <u>qu</u>atre, ban<u>qu</u>e
gn	[ɲ]	espa<u>gn</u>ol, Espa<u>gn</u>e, Allema<u>gn</u>e
ph	[f]	<u>ph</u>ilosophie, <u>Ph</u>ilippe

• 練習しましょう! • Exerçons-nous!

1. 下線部の « e » を [e] または [ɛ] と発音するものを○で囲みましょう。

1. néc<u>e</u>ssaire　　2. nous v<u>e</u>nons　　3. ils s'app<u>e</u>llent　　4. vous all<u>e</u>z

5. sup<u>e</u>rmarché　　6. vendr<u>e</u>di　　7. p<u>e</u>tit　　　　8. Au r<u>e</u>voir

2. 次の単語の « c » が [s] と [k] のどちらになるか選びましょう。

1. <u>Ç</u>a va ? (s / k)　　2. <u>c</u>afé　(s / k)　　3. <u>c</u>inéma　(s / k)　　4. <u>c</u>uisine　(s / k)

5. fa<u>c</u>ulté　(s / k)　　6. beau<u>c</u>oup　(s / k)　7. Qui est-<u>c</u>e ? (s / k)

8. <u>c</u>inquante　(s / k)

3. 次の単語の « g » が [g] と [ʒ] のどちらになるか選びましょう。

1. <u>g</u>are　(g / ʒ)　　2. je man<u>g</u>e　(g / ʒ)　3. an<u>g</u>lais　(g / ʒ)　　4. <u>g</u>uitare　(g / ʒ)

5. <u>g</u>omme　(g / ʒ)　　6. <u>g</u>ibier　(g / ʒ)　　7. <u>g</u>rand-père　(g / ʒ)

8. <u>g</u>ymnastique (g / ʒ)

4. 次の単語の « s » が [s] と [z] のどちらになるか選びましょう。

1. <u>s</u>amedi　(s / z)　　2. il<u>s</u> ont　(s / z)　　3. anniver<u>s</u>aire　(s / z)

4. ils fini<u>ss</u>ent (s / z) 5. il <u>s</u>'habille (s / z)　6. me<u>s</u> amis　(s / z)

7. liai<u>s</u>on　(s / z)　　8. dan<u>s</u> un café　(s / z)

UNITÉ 3 で学んだ文法と語彙を使うと、次の内容についてコミュニケーションをすることができます。

☐　a.　自分の好き嫌い（ 動物、食べ物、趣味）を詳しく言う / 相手に尋ねる

☐　b.　2 つのものを比べて自分は片方がより好きと言う / どちらが好きか相手に尋ねる

☐　c.　自分の好き嫌いとその理由を言う

☐　d.　通話・トイレに行く・入室する等の許可を相手に求める / 同じ事柄の許可・不許可を相手に伝える

☐　e.　しなければならないこと（ 朝食をとる・勉強する・週末バイトする）を言う / 相手に尋ねる

☐　f.　したいこと（ 旅行に行く・映画に行く・友人と買い物に行く）を言う / 相手に尋ねる

☐　g.　放課後カフェでおしゃべりしよう・週末映画に行こうと誘う / 誘いを喜んで受ける・誘いを断る

☐　h.　家族や友人について a.〜g. のことを言う / 尋ねる

☐　i.　a.〜h. について書かれた文章を読んで内容を理解する

フランス文化 Petit 情報

▌フランスの商店　〜デパートは日曜閉店？〜

　フランス旅行に行ったのに、日曜日にデパートやブティックが閉まっていて、お目当てのショッピングができなかったという話を聞くことがあります。デパートなどサービス業は土日営業が当たり前の日本と違って、フランスでは原則として日曜日は営業禁止です。例外が認められているのは、①ホテル、カフェ、美術館、ガソリンスタンド、医療・福祉関係、パン屋、食料品店など限られた業種、②パリのシャンゼリゼ通りなど条例によって指定された観光地区、③国内 40 か所の指定された消費特別地区、④空港や駅内の商店のみです。②③以外の地区にあるデパートは日曜日になると閉店します。唯一休日営業が許可されているのはクリスマス前の日曜のみです。
夜間営業にも大きな制約があり、原則としてデパート・スーパーは 21 時以降の営業が禁止されています。このような営業状況の背景には日曜日を安息日とするキリスト教の影響、労働者の保護、小規模店舗の保護があるようです。それでも近年はパリの中心部ではデパートやスーパーが週末も営業しています。セルフレジのコンビニタイプの商店も増え、日本の感覚と近づいているのかもしれません。

パリ 8 区にあるモノプリは日曜日も営業しています。
掲示はフランス語、英語、中国語で書かれています。

Leçon 10

名詞の性数一致　－規則と練習－

Leçon 10 では名詞とそれを限定する要素との
性数一致について集中的に学びます。

 **MODÈLE 1** 🎧 2-1

Qu'est-ce que c'est ?

- C'est un livre. C'est le livre de Mika. C'est son livre.

- Ce sont des livres. Ce sont les livres de Mika. Ce sont ses livres.

 **MODÈLE 2** 🎧 2-2

J'aime beaucoup le lait.

Je bois* du lait au petit déjeuner.

bois < boire ⇒ Appendice 参照

 **MODÈLE 3** 🎧 2-3

Je voudrais ce jean. Il est cool !

1 名詞の女性形・複数形のヴァリエーション 🎧 2-4 （⇒ UNITÉ 1, Leçon 1 参照）

・**女性形**＝原則として男性形に **e** をつけるが、語末の形が変化するものがある
・**複数形**＝複数形が **x** になるもの、複数形で語末の形が変化するものがある

変化のタイプ	男性形	女性形
-/-e	étudiant	étudiante
-eur/-euse	serveur, vendeur	serveuse, vendeuse
-teur/-trice	acteur, directeur	actrice, directrice
-ier/-ière	cuisinier, infirmier	cuisinière, infirmière
-ien/-ienne	musicien	musicienne
無変化	fonctionnaire, professeur, médecin	
その他		femme au foyer

● **複数形 x になるもの**
genou / genoux
● **複数形ヴァリエーション**
travail / travaux
journal / journaux
● **その他**
œil / yeux

2 定冠詞・不定冠詞・部分冠詞と名詞の性数一致 🎧 2-5 （⇒ UNITÉ1, Leçon 3 参照）

・**定冠詞** ＝限定・特定された名詞、固有名詞、ものごとを**総称**する場合に使われる
・**不定冠詞**＝不特定の**数えられる**名詞に対して使われる
・**部分冠詞**＝不特定の**数えられ**ない名詞の**一部分**を表す場合に使われる

これらの冠詞は①**名詞の性質や限定の仕方に応じて使い分ける**
②**名詞の性数に応じて形を変化させる**

	定冠詞	不定冠詞	部分冠詞
男性単数	le (l')	un	du (de l')
女性単数	la (l')	une	de la (de l')
男女複数	les	des	

＊定冠詞の **l'** と部分冠詞の **de l'** は母音で始まる名詞の前で使う
l'amie　　**de l'**eau

ex Qu'est-ce que c'est ? –C'est *un* dictionnaire. C'est *le* dictionnaire d'Akira
　　　　　　　　　　　　　　　（不特定・数えられる）　　　　　　（限定：アキラの）
これは何ですか？　　　これは辞書です。　　　これはアキラの辞書です。

J'aime *la* musique. J'écoute souvent *de la* musique.
（総称：音楽というもの）　　　　　　　（数えられない・一部分）
私は音楽が好きです。　　よく音楽を聴きます。

Vous avez *des* frères ? - Non, je n'ai pas *de*＊ frères, mais j'ai *une* sœur.
　　　　　（不特定・数えられる）　　　（不特定・数えられる）
兄弟はいますか（兄弟を持っていますか）？ –いいえ、兄弟はいませんが、姉が一人います。

＊直接目的語につく不定冠詞と部分冠詞は否定文中で **de (d')** になる

cf. 提示の表現　**C'est ＋ 単数名詞 / Ce sont ＋ 複数名詞**

主語は **ce**（**c'**）だが、動詞（être）は後続する名詞に応じて **est** または **sont** になる。

1. 男性形は女性形に、女性形は男性形にして、発音しましょう。

   1. un musicien /　　　　2. une actrice /　　　　3. un cuisinier /

2. 単数形は複数形に、複数形は単数形にして、発音しましょう。

   1. un travail /　　　　2. des journaux /　　　　3. un genou /

3. 次の名詞に定冠詞、部分冠詞をつけて発音しましょう。

   1. viande (*f.*)　　　　2. poisson (*m.*)　　　　3. pain (*m.*)

---

3 所有形容詞、指示形容詞 🎧 2-6　(⇒所有形容詞については UNITÉ1, Leçon 3　参照)

所有形容詞＝所有する人称は 6 つ（1 人称〜3 人称の単数・複数）ある。所有する人の性別ではなく、所有されるものの性数に応じて形容詞の形が変化する

指示形容詞＝英語の this, that に相当し、名詞を指し示すために使う

	所有形容詞						指示形容詞
	je	tu	il/elle	nous	vous	ils/elles	
男性単数	mon	ton	son	notre	votre	leur	ce (cet)
女性単数	ma(mon)	ta (ton)	sa (son)				cette
男女複数	mes	tes	ses	nos	vos	leurs	ces

＊所有形容詞、指示形容詞ともに、（ ）内の形は母音または無音の h では始まる単語について使う

  ex amie (*f.*) ⇒ mon / ton / son **a**mie　　　album (*m.*) ⇒ cet **a**lbum

Philippe et Jean habitent à Tokyo au Japon. *Leurs* parents habitent à Nice en France.
フィリップとジャンは日本の東京に住んでいます。（彼等の）両親はフランスのニースに住んでいます。

Notre mère aime voyager. Elle voyage souvent avec *ses* amis.
私たちの母は旅行が好きで、よく（彼女の）友人と旅行します。

J'adore *ce* t-shirt ! Mais je n'aime pas beaucoup *cette* chemise.
私はこのTシャツが大好きです！でもこのシャツはあまり好きではありません。

Je voudrais *ces* chaussures. Elles sont jolies !
この靴が欲しいです。かわいい！

1. 次の単語に日本語の意味に合う所有形容詞をつけましょう。

   1. jean (*m.*)　　　　2. jupe (*f.*)　　　　3. chemise (*f.*)
   ① 私の　　　　　② 君 (tu) の　　　　③ 私達の　　　　④ 彼らの

2. 指示形容詞をつけて「この○○が欲しい（Je voudrais .....）」と言いましょう。

   1. sac (*m.*)　　　　2. jean (*m.*)　　　　3. chaussures (*pl.*)

1 日本語の意味に合うように、空白に定冠詞（*le, la, les, l'*）、不定冠詞（*un, une, des*）、部分冠詞（*du, de la, de l'*）、否定の冠詞（*de, d'*）のいずれかを入れ、文を完成させましょう。同じ冠詞を何回使ってもかまいません。

1. J'aime _____ tennis. Je fais _____ tennis une fois par semaine.
   私はテニスが好きで、週1回テニスをします。

2. Ma mère aime _____ thé. Le matin, elle boit _____ thé.
   母は紅茶が好きで、朝は紅茶を飲みます。

3. Mon frère aime _____ pâtes. Il mange souvent _____ pâtes.
   弟はパスタが好きで、よくパスタを食べます。

4. Je n'ai pas _____ argent sur moi. -Dis-moi, tu as _____ monnaie électronique ?
   手持ちのお金がないんだ。 −じゃあ、電子マネーは持ってる？

5. J'adore _____ chiens. J'ai _____ chien chez moi.
   私は犬が大好きで、（犬を）一匹飼っています。

2 例にならって空白に適切な冠詞または所有形容詞を入れましょう。

ex *Qu'est-ce que c'est ? - C'est **un** t-shirt. C'est **le** t-shirt de Miki. C'est **son** t-shirt.*

Qu'est-ce que c'est ?

1. C'est _____ jupe. C'est _____ jupe de Sophie. C'est _____ jupe.
   これはスカートです。ソフィーのスカートです。彼女のスカートです。

2. C'est _____ pull. C'est _____ pull de Catherine. C'est _____ pull.
   これはセーターです。カトリーヌのセーターです。彼女のセーターです。

3. C'est _____ chat. C'est _____ chat de Jean et d'Hélène. C'est _____ chat.
   これはネコです。ジャンとエレーヌのネコです。彼等のネコです。

4. Ce sont _____ pantalons. Ce sont _____ pantalons de Philippe et de Marc. Ce sont _____ pantalons.
   これはパンツ（ズボン）です。フィリップとマルクのパンツです。彼等のパンツです。

3 単数形は複数形に、複数形は単数形の文に書き換えましょう。

1. C'est un ami. ⇒ _____
2. _____ ⇒ Ce sont des chapeaux.
3. C'est leur fille. ⇒ _____

Leçon 11

人・ものを描写する

Leçon 11 では形容詞を使い、
人やものの様子を表せるようにします。

 **MODÈLE 1** 🎧 2-7

Paul est grand et blond.

Il a les yeux verts.

Je le trouve beau et gentil.

Aujourd'hui, il porte un jean noir.

 **MODÈLE 2** 🎧 2-8

Sophie est grande et blonde.

Elle a les yeux bleus.

Je la trouve belle et gentille.

Aujourd'hui, elle porte une jupe noire.

noir(e), gris(e), blanc(che)**, brun(e),** bleu(e)**,** vert(e)**, jaune, orange, rouge, violet(te)**

1 品質形容詞 🎧 2-9

人・ものの「**性質**」や「**状態**」を表し、**修飾する名詞の性数に応じて形が変化**する

● 品質形容詞の基本的変化

	単数	複数
男性	**petit**	**petits**
女性	**petite**	**petites**

男性	女性
petit garçon	petite fille
petits garçons	petites filles

*女性形の特殊な形　blan**c** → blan**che**,　long → lon**gue**,　gent**il** → gent**ille**　等

● 特殊な変化をするもの（男性第2形 → 女性形）

	単数		複数
男性	**beau** （名詞が子音）	**bel** （名詞が母音 または **h**）	**beaux**
女性	**belle**		**belles**

単数	複数
beau garçon	beaux garçons
bel homme	beaux hommes
belle fille	belles filles

同じ変化をするもの　vieux ／ **vieil**（男性第2形）／ vieille（女性形），
　　　　　　　　　　nouveau ／ **nouvel**（男性第2形）／ nouvelle（女性形）

● 品質形容詞の位置

名詞—形容詞　＝色、形、国籍等ほとんどの品質形容詞

形容詞—名詞　＝ **bon, petit, grand, joli** など、**短く**（1または2音節）**よく使う形容詞**

ex　J'ai une amie *française*. C'est une *jolie* fille *blonde*.
　　私にはフランス人の友人がいます。かわいい金髪の女の子です。

　　Elle a les yeux *bleus* et les cheveux *longs*.
　　彼女は目が青く髪は長いです。

　　Je porte souvent une chemise *blanche*.
　　私はよく白いシャツを着ます。

*名詞の前か後で形容詞の意味が変わる場合もある　un homme *grand* / un *grand* homme
　　　　　　　　　　　　　　　　　　　　　　　　　背の高い男性　　　　偉大な男性

練習しましょう！　Exerçons-nous!

名詞を（ ）の言葉に換えて全体を変化させましょう。

1. un gros <u>chat</u> (chatte : *f.*)　　　⇒

2. un <u>t-shirt</u> blanc (chemise : *f.*)　　⇒

3. ma petite <u>sœur</u> (frère : *m.*)　　⇒

● 人・ものの性質（性格）や状態を表す形容詞　2-10

外見・性格		色		形状	
petit(e)	小さい 背が低い	noir(e)	黒い	long(ue)	長い
		vert(e)	緑の	court(e)	短い
grand(e)	大きい 背が高い	brun(e)	茶色の	rond(e)	丸い
		bleu(e)	青い	carré(e)	四角い
mince	痩せた	blanc(he)	白い	haut(e)	高い
gros(se)	太った	blond(e)	金色の	bas(se)	低い
intelligent(e)	頭がよい	rouge	赤い		
méchant(e)	意地悪な	roux/rousse	赤毛の		
sérieux/sérieuse	真面目な	gris(e)	灰色の		
joli(e)	かわいい	jaune	黄色い		

2 人・ものを主観的に評価する動詞 trouver　2-11

● trouver ：動詞 trouver（活用は -er 型）で「人・ものを〜だと思う」という意味を表す
trouver A（名詞）**B**（形容詞）（A を B と思う）という構文を取る

ex　Je *trouve* Paul gentil.　　　　　　　　　私はポールが親切だと思う。
　　Je *trouve* Catherine intelligente.　　　　私はカトリーヌが知的だと思う。
　　Je *trouve* Paul et Catherine gentils.　　私はポールとカトリーヌが親切だと思う。
　　Comment est-ce que tu *trouves* Paul ?　（君は）ポールのことどう思う？
　　- Je *le* trouve gentil.　　*le* (=Paul)　　－（私は）彼は親切だと思うわ。

＊ trouver の後の目的語と形容詞（点線）は性数一致する

cf. 補語人称代名詞 *le* (*l'*), *la* (*l'*), *les*

	単数	複数
男性	**le (l')**	**les**
女性	**la (l')**	

・3 人称の直接目的語を表す
・目的語の性数に応じて le(l'), la(l'), les がある
・人・ものの区別はない
・動詞の前に置かれる

ex　Je trouve *Paul* gentil.　　　　　　　　= Je *le* trouve gentil.
　　Je trouve *Catherine* intelligente.　　　= Je *la* trouve intelligente.
　　Je trouve *Paul et Catherine* gentils.　= Je *les* trouve gentils.

練習しましょう！　 Exerçons-nous!

trouver を使って、次のことを表す文を作りましょう。主語はすべて je です。

　　1. Akira = 優しい　　　2. Mika = かわいい　　　3. 私の猫 (mon chat) = 頭がいい

1 次の文の名詞を（　　）の単語に変えて全体を書き換えましょう。文の意味も考えましょう。

1. Paul est *grand*. Il est *gentil* et *intelligent*. (Catherine)

   ....

2. Pierre est *petit*. Il est *roux* et *mince*. (Sophie)

   ....

3. Paul et Pierre sont *blonds* et *grands*. (Sophie et Catherine)

   ....

4. Akira est *sérieux*. Il est *grand* et il a les cheveux *courts*. (Mika)

   ....

   ....

2 名詞に（　　）の形容詞をつけて日本語に訳しましょう（形容詞の位置と性数一致に注意）。

   ex *une étudiante (grand, anglais)* ⇒ *une grande étudiante anglaise*

1. un garçon (petit, japonais)　...
2. une fille (roux, joli)　...
3. une table (grand, rond)　...
4. des gâteaux (belge, bon)　...

3 下線部を補語人称代名詞に置き換えて文全体を書き換えましょう。

1. Michel trouve Sophie gentille.　...
2. Mes parents trouvent mon copain sympathique.

   ....

3. Nous trouvons notre chat mignon.　...

4 指示に従って答えましょう。

1. Comment est votre frère ? (grand, sympathique)

   ....

2. Comment est-ce que tu trouves ce film ? (intéressant, ce filmは補語人称代名詞にする)

   ....

3. Comment êtes-vous ? (知っている形容詞や動詞を使って自分を描写する)

   ....

Leçon 12

人・ものを比較する

Leçon 12 では比較級・最上級の作り方を学び、
人・ものの様子を詳しく表せるようにします。

Akira est plus grand que Mika.
= Mika est moins grande qu'Akira.
Akira est aussi grand que son
père.

Hélène parle trois langues
étrangères : anglais, espagnol
et japonais. Elle parle mieux
anglais que japonais. Elle parle
espagnol le mieux des trois
langues.

Pour moi, Emma Watson est la
plus jolie de toutes les actrices,
mais le cinéma français est le
meilleur de tous les cinémas.

1 比較級 🎧 2-15

・英語と同じく**優等比較級・同等比較級・劣等比較級**の区別があり、**形容詞・副詞・量**などがあらわす内容を比較する

・形容詞や副詞の形自体が変化することはまれで、ほとんどの場合、**形容詞や副詞の前に *plus***（優等）、***aussi***（同等）、***moins***（劣等）をつけて優劣をあらわす

（＋）	plus		
（＝）	aussi	形容詞 / 副詞	que
（－）	moins		

ⓔ Akira est *plus* grand *que* Mika. (= Mika est *moins* grande *qu'*Akira.)
アキラはミカより背が高いです。 （＝ミカはアキラほど背が高くありません）

Akira est *aussi* grand *que* son père.
アキラは（彼の）父親と背の高さが同じです。

L'inOui roule *plus* vite *que* le shinkansen.
        (= Le shinkansen roule *moins* vite *que* l'inOui.)
inOui は新幹線より速く走行します。（＝新幹線は inOui ほど速く走行しません）

       ! inOui は 2017 年 7 月まで TGV という名称で呼ばれていました。

● 例外 （－）   （＋）

moins bon(ne)(s)	⇐	aussi bon(ne)(s)	⇒	meilleur(e)(s)
moins bien	⇐	aussi bien	⇒	mieux
moins	⇐	autant	⇒	plus

ⓔ À mon avis, ce restaurant-ci est *meilleur que* ce restaurant-là.
私の意見では、このレストランはあのレストランより美味しいです。

Mika parle *mieux* anglais *que* français.
ミカはフランス語より英語を上手に話します。

Akira mange *autant que* son frère.
アキラは兄と同じくらいよく食べます。

比較の対象は que で導かれるが、日常会話では que 以下が省略されることも多い

À mon avis, ce restaurant est *meilleur*.
私の意見では、このレストランの方が美味しいです。

練習しましょう！   Exerçons-nous!

1. Mika est grande. という文を使って 3 種類の比較級の文を作りましょう。
   ① > sa sœur   ② = Marie   ③ < Luc

2. Jean nage bien. という文を使って 3 種類の比較級の文を作りましょう。
   ① > Luc   ② = Philippe   ③ < Akira

2 最上級 🎧 2-16

・優等最上級、劣等最上級がある

・**bon, bien, beaucoup** をのぞいて、形容詞や副詞の形は変化しない

(＋)		**plus**			
	le(la)(les)		形容詞	**de** +	対象となるグループ
(－)		**moins**			

(＋)		**plus**			
	le		副詞	**de** +	対象となるグループ
(－)		**moins**			

ex Akira est *le plus grand* <u>de</u> la famille.　アキラは家族の中で一番背が高いです。

Emma Watson est *la plus jolie* <u>de</u> toutes les actrices.

エマ・ワトソンは女優の中で一番かわいいです。

L'inOui roule *le plus vite* <u>de</u> tous les trains.

inOui は列車の中では最も速く走行します。

◉ 例外　　　　(－)　　　　　　　　　　　　　　　　　　　　(＋)

le(la)(les) moins bon(ne)(s) ⇐ **bon(ne)(s)** ⇒ **le(la)(les) meilleur(e)(s)**

le moins bien ⇐ **bien** ⇒ **le mieux**

le moins ⇐ **beaucoup** ⇒ **le plus**

ex Ce restaurant français est *le meilleur* <u>de</u> la ville d'Osaka.

このレストランは大阪で一番美味しいです。

Akira parle anglais *le mieux* <u>de</u> la famille.

アキラは家族の中で一番上手に英語を話します。

Le frère d'Akira mange *le plus* <u>de</u> sa famille.

アキラの兄は家族の中で一番よく食べます。

練習しましょう！ (Exerçons-nous!)

最上級の文を作りましょう。

1. 副詞

① Jean marche vite.　　(＋) de la classe

② Philippe court vite.　　(－) de la classe　　*court < courir* 活用は Appendice 参照

③ Michel chante bien.　　(＋) de la classe

2. 形容詞

① La cuisine chinoise est populaire.　(＋) de toutes les cuisines

② Mika est âgée.　(＋) de tous ses cousins

③ Pour la mère d'Akira, le cinéma français est bon.　(＋) de tous les cinémas

1 （　　）の中のものと比較する文を作りましょう。比較の対象となるデータは自分で調べてください。

1. Le mont Blanc est haut. (le mont Fuji)

   Le mont Blanc _____

2. La Seine est longue. (la Loire)

   La Seine _____

3. Le château de Himeji est ancien. (le château de Nagoya)

   Le château de Himeji _____

2 自分の好みに合わせて、形容詞 bon を使い2つのものを比較する文を作りましょう。

1. la cuisine italienne / la cuisine chinoise

   Pour moi, _____

2. le cinéma japonais / le cinéma américain

   Pour moi, _____

3. le café au lait / le thé au lait

   Pour moi, _____

3 次の文を最上級にしましょう。

1. Stéphane est un beau garçon. (de l'école)

   Stéphane _____

2. Sophie travaille beaucoup. (de la classe)

   Sophie _____

4 次の文章を読んで Stéphane, José について日本語でまとめましょう。

J'ai un ami français, Stéphane. Il habite avec un ami espagnol, José. José est blond et un peu moins grand que Stéphane. Il est plus âgé que celui-ci (=Stéphane) de 2 ans. Stéphane parle bien japonais, José moins bien. Mais ils parlent le mieux anglais. C'est pourquoi je parle anglais avec eux.

Stéphane :

José :

1 -1.　フランス語を聞いて空白を埋めて会話を完成させましょう。🎧 2-17

Mika — Qu'est-ce que tu (　　　　　) au petit déjeuner, Sophie ? Des croissants ?

Sophie — J'aime beaucoup (　　) croissants, mais au petit déjeuner, je mange des céréales. Et (　　) ? (　　) riz et (　　) soupe miso ?

M. — Chez nous, on ne (　　　) pas de petit déjeuner japonais. On mange du (　　) grillé.

S. — Avec (　　) beurre et de la confiture ?

M. — Avec de la confiture, mais (　　) beurre.

S. — (　　　　　) vous (　　) avec ? (　　) café ?

M. — Oui, mon père boit du café noir, mais ma mère et moi, nous mettons un peu de (　　) dans (　　) café.

S. — Ah bon ? Je (　　) toujours du café noir pour mon petit déjeuner. Ça me réveille !

1 -2.　会話の情報を整理しましょう。

1 -3.　ペアで会話を練習しましょう。

2　次の文章を読んで意味を理解しましょう。

Hélène est française. Elle a 20 ans. Elle est grande et mince. Elle est brune et elle a les yeux bleus. Aujourd'hui, elle porte un t-shirt blanc, un blouson kaki, une jupe grise et des bottines noires.　　　　　　bottines：ショートブーツ

人物の名前・国籍・年齢
外見
着ているものとその色

3　フランス人の LINE 友達と初めて会うことになりました。２のモデル文を参考にして、フランス語で自分の外見を説明してください。

衣服 ［vêtements］ 2-18

jean (*m.*)

jupe (*f.*)

chemise (*f.*)

sac (*m.*)

chaussures (*f.pl.*)

pull (*m.*)

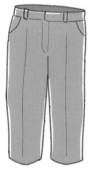

pantalon (*m.*)

t-shirt (*m.*)

chapeau (*m.*)

飲食物 ［nourritures et boissons］ 2-19

thé (*m.*)

café (*m.*)

viande (*f.*)

poisson (*m.*)

pain (*m.*)

riz (*m.*)

fruits (*m.pl.*)

pâtes (*f.pl.*)

légumes (*m.pl.*)

形容詞 ［adjectifs］ 2-20

petit(e) / grand(e)

mince / gros(se)

gentil(le) / méchant(e)

court(e) / long(ue)

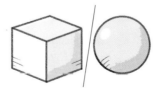

carré(e) / rond(e)

joli(e), beau (belle)

UNITÉ 4 で学んだ文法と語彙を使うと、次の内容についてコミュニケーションをすることができます。

- ☐ **a.** 自分が好きな食べ物 / 飲み物といつそれを食べるか / 飲むかを言う / 相手に同じことを尋ねる
- ☐ **b.** 自分の背格好・身に着けているものとその色を言う
- ☐ **c.** 自分が 2 つの言語のどちらを上手に話せるか言う / 相手に同じことを尋ねる
- ☐ **d.** 比較級を使って 2 種類の飲み物のどちらが好きか言う / 相手に同じことを尋ねる
- ☐ **e.** 自分が一番好きな食べ物 / 飲み物を言う
- ☐ **f.** ある人物に対する印象を言う / 相手に同じことを尋ねる
- ☐ **g.** 2 人の人物の背の高さ / 歌のうまさ / 走る速さ等を比較する
- ☐ **h.** 家族・友人について a.~e. を言う
- ☐ **i.** a.~h. について書かれた文章を読んで内容を理解する

フランス文化 Petit 情報

▌フランス人とパン

　フランス語のパン（pain）は小麦粉、塩、水、イーストだけで作られる様々な種類のパンを総称した言葉です。日本でもよく知られているフランスパンは細長いバゲット（baguette）です。バゲットはフランスを象徴する食べ物でもあり、パリでは毎年 4 月にバゲットコンクールが開催され世界的にも注目を集めています。パン屋に売っているパンは様々で、バゲットより少し太目で短いバタール（bâtard）、まん丸のブール（boule）、バゲットよりさらに細いフィセル（ficelle）などの種類があります。クロワッサン（croissant）やチョコレートパン（pain au chocolat）、アップルパイ（chausson）などバターたっぷりの甘い菓子パンはヴィエノワズリー（viennoiserie）と呼びます。

　フランスの朝食というとクロワッサンにカフェオレを思い浮かべる人は多いでしょう。実は、朝食に高カロリーのクロワッサンを食べる人は少数派で、一般的な家庭ではバゲットを食べるのが普通のようです。フランスの朝食はシンプルで、コーヒー、カフェオレ、ココアなど温かい飲み物にバターとジャムを塗ったパンという組み合わせが普通です。この時食べるパンはタルティーヌ（tartine）と呼んでいます。

　パンはスーパーでも買えますが、多くのフランス人は小売店でパンを買います。フランス語でパン職人はboulanger、パン屋は boulangerie ですが、「パン屋」の看板を掲げるには店内で生地の生成、発酵、焼き上げまでの全工程を行うことが必要で、工場生産の生地を使っている店は「パン屋」の看板を掲げることはできません。パン製造法という伝統的食文化とそれを担う職人を守ろうとするフランスの姿勢がうかがえますね。

グルノーブルのパン屋。同じ店舗の右半分はケーキ屋

Leçon 13

Leçon 13

前置詞と位置表現

Leçon 13 では前置詞と前置詞を含んだ表現を学び、
人やもののある場所（位置、方角など）を詳しく言えるようにします。

MODÈLE 1 🎧 2-21

Akira habite à Osaka au Japon. L'année prochaine, il voudrait voyager aux États-Unis.

MODÈLE 2 🎧 2-22

Sophie vient de France. Elle habite maintenant à Kyoto au Japon. Mais ses parents habitent à Nice en France.

France

Paris

Nice

MODÈLE 3 🎧 2-23

Où est Nice, Sophie ?

- Nice est au sud de la France, au bord de la Méditerranée.

1 前置詞 à と de 🎧 2-24

・フランス語は英語よりも前置詞の数が少ない

・**à** と **de** は最も頻繁に使われる前置詞

> **à** ＝ 方向・到着点・存在する点などを表す（英語の *to, at* に相当）
>
> **de** ＝ 所有 / 所属・出発点・起源などを表す（英語の *of, from* に相当）

ex Nous habitons *à* Kobe. 　　　　　　　　私たちは神戸に住んでいます。
Les parents *de* Mika sont professeurs. 　ミカの両親は教師です。
Je pars *de* la maison *à* huit heures. 　　私は家を 8 時に出ます。
Après les cours, tu vas *à* la cafeteria ? 　放課後、君は学食に行くの？

2 国名の前で使う前置詞 🎧 2-25

● **方向・到着点・存在する点などを表す場合　「〜に」**
　・女性名詞単数（**la** がつく）の国名の前　　→ **en** 　**ex** Je vais *en* France. 　行く
　・母音で始まる名詞（**l'** がつく）の国名の前 → **en** 　　　　　*en* Italie, *en* Équateur
　・男性名詞単数（**le** がつく）の国名の前　　→ **au** 　　　　　*au* Japon, *au* Canada
　・複数名詞（**les** がつく）国名の前　　　　　→ **aux** 　　　　*aux* États-Unis

● **出発点・起源などを表す場合　「〜から」**
　・女性名詞単数（**la** がつく）の国名の前　　→ **de** 　**ex** Je viens *de* France. 　来る
　・母音で始まる名詞（**l'** がつく）の国名の前 → **d'** 　　　　　*d'*Italie, *d'*Équateur
　・男性名詞単数（**le** がつく）の国名の前　　→ **du** 　　　　　*du* Japon, *du* Canada
　・複数名詞（**les** がつく）国名の前　　　　　→ **des** 　　　　*des* États-Unis

cf. 都市の前では à, de を使う　　J'habite *à Tokyo*. Je suis *de Tokyo*.
　　　　　　　　　　　　　　　　　私は東京に住んでいます。東京出身です。

・練習しましょう！　Exerçons-nous!

1. 次の都市または国に住んでいる（J'habite .....）と言いましょう。
　① la Suisse　② l'Angleterre　③ le Portugal ④ les Philippines

2. 次の都市または国の出身だ（Je viens de ...）と言いましょう。
　① la Belgique　② l'Allemagne　③ le Brésil　④ les Pays-Bas

3 à , de と定冠詞の縮約 🎧 2-26

・**à** と **de** は定冠詞 le, les の前に置かれると**縮約**（前置詞と冠詞が合体する）を起こす

　à + le ⇒ **au** 　　　　**de** + le ⇒ **du**
　à + les ⇒ **aux** 　　　**de** + les ⇒ **des**

ex Ce soir, je vais *au* cinéma.　　　　　（ à + le cinéma ）「行く」
Mon frère va *aux* toilettes.　　　　（ à + les toilettes ）
Philippe et Paul sortent *du* cinéma.　（ de + le cinéma ）「出る」
Il sort *des* toilettes.　　　　　　　（ de + les toilettes ）

練習しましょう！　　Exerçons-nous!

1. 次の場所に行く（Je vais …）と言いましょう。
　　① la banque　　② l'université　　③ le cinéma

2. 次の場所から外に出る（Je sors de …）と言いましょう。
　　① la pharmacie　② l'université　　③ le Louvre

4　à , de 以外の位置を示す前置詞と位置表現　🎧 2-27

◉前置詞

sur...（…の上に）, **sous...**（…の下に）, **devant...**（…の前に）, **derrière...**（…の後ろに）, **dans ...**（…の中に）, **chez ...**（…の家に、[…の店・医院] に [ex. chez le dentiste]）

◉前置詞あるいは副詞を使った位置表現

　・意味を表す名詞を中心に **à（定冠詞）名詞　de**という構造を持つことが多い
　・名詞に定冠詞がつく場合、à と le は縮約を起こして **au** となる
　・de の後の名詞に冠詞 le, les がつく場合、縮約をおこして **du, des** となる

◉よく使う位置表現：

à droite de...（…の右に）, **à gauche de...**（…の左に）, **à côté de...**（…の横に）, **au coin de...**（…の角に）, **au bout de...**（…の突き当たりに）, **au-dessus de...**（…の上の方に）, **au-dessous de...**（…の下の方に）, **au nord de...**（…の北に）, **au sud de...**（…の南に）, **à l'est de...**（…の東に）, **à l'ouest de...**（…の西に）, **près de...**（…の近くに）, **au bord de...**（…の辺に）

ex *Le cinéma est à côté du café.*　　　映画館はカフェの横にあります。
Où est la poste ?　　　　　　　　郵便局はどこですか？
- Elle est derrière l'hôpital.　　　－病院の裏にあります。
Qu'est-ce qu'il y a près de l'hôtel ?　ホテルの近くに何がありますか？
- Il y a un restaurant.　　　　　　－レストランが一軒あります。
Il n'y a pas de lait dans le frigo.　　冷蔵庫の中には牛乳はありません。

cf. 提示の表現 **Il y a ...**

・ **Il y a + もの（「人」も可能）** ＝「～がある」（英語の There is [are] ... に相当）
・否定形は **Il n'y a pas ...**（Il ＝ 非人称主語、**a** [< avoir] が動詞）
・否定文中で名詞につく不定冠詞、部分冠詞は **de** になる（⇒ Leçon 10）

1 日本語の意味に合うように、リストから適切な前置詞（または位置表現）を選んで …… に入れましょう。

1. Il y a un café et un cinéma ＿＿＿＿＿＿＿＿＿ la gare.　駅の近くにカフェと映画館がある。

2. Madame, où est la poste, s'il vous plaît ? – Elle est ＿＿＿＿＿＿＿＿＿ la rue.
   郵便局はどこでしょうか？　－（郵便局は）道の突き当たりにありますよ。

3. Il y a un dictionnaire et un livre ＿＿＿＿＿＿＿＿＿ la table.　テーブルの上に辞書と本がある。

4. Le mardi et le vendredi, je travaille ＿＿＿＿＿＿＿＿＿ un restaurant italien après les
   cours.　火曜と金曜は、授業の後、イタリアンレストランで働いている。

5. Paul habite en ville. Son appartement est ＿＿＿＿＿＿＿＿＿ l'église.
   ポールは街に住んでいる。彼のアパートは教会の裏にある。

> sur, près de, sous, dans, derrière, au-dessus de, au-dessous, au bout de, au coin de

2 指示にしたがって答えましょう。

1. Tiens, ton père n'est pas à Osaka ? Où habite-t-il maintenant ?
   （9 月から［=depuis］中国に在住）

   ＿＿＿＿＿＿＿＿＿＿＿＿＿＿＿＿＿＿＿＿＿＿＿＿＿＿＿＿＿＿＿

2. Qu'est-ce que fait Akira après les cours ?　（しばしば梅田に映画に行く）

   ＿＿＿＿＿＿＿＿＿＿＿＿＿＿＿＿＿＿＿＿＿＿＿＿＿＿＿＿＿＿＿

3. D'habitude, où allez-vous faire vos courses ?　（スーパーとコンビニに行く）

   ＿＿＿＿＿＿＿＿＿＿＿＿＿＿＿＿＿＿＿＿＿＿＿＿＿＿＿＿＿＿＿

4. D'où vient Cristiano Ronaldo ?　（人物について調べて書く）

   ＿＿＿＿＿＿＿＿＿＿＿＿＿＿＿＿＿＿＿＿＿＿＿＿＿＿＿＿＿＿＿

3 リストから適切な前置詞または位置表現を選んで …… に入れ、文章を日本語に訳しましょう。

Dans le Kansai, il y a beaucoup de villes. Osaka est au centre du Kansai. Kobe,
grande ville maritime est ＿＿＿＿＿＿＿＿＿＿ d'Osaka.
Kyoto se trouve ＿＿＿＿＿＿＿＿＿＿ d'Osaka. C'est une ancienne capitale.
＿＿＿＿＿＿＿＿＿＿ d'Osaka, il y a Wakayama, et Nara une autre ancienne
capitale est ＿＿＿＿＿＿＿＿＿＿.

> à l'est, à l'ouest, au nord, au nord-est, au nord-ouest, au sud

＿＿＿＿＿＿＿＿＿＿＿＿＿＿＿＿＿＿＿＿＿＿＿＿＿＿＿＿＿＿＿

＿＿＿＿＿＿＿＿＿＿＿＿＿＿＿＿＿＿＿＿＿＿＿＿＿＿＿＿＿＿＿

＿＿＿＿＿＿＿＿＿＿＿＿＿＿＿＿＿＿＿＿＿＿＿＿＿＿＿＿＿＿＿

Leçon 14

Leçon 14

命令形と道順の説明

Leçon 14 では動詞の命令形を使って様々な指示を出したり、Leçon 13 で学んだ位置表現と命令形を組み合わせて道順の説明ができるようにします。

MODÈLE 1  2-28

Écoutez bien le français et choisissez la bonne réponse.

MODÈLE 2  2-29

C'est la fête ! Chantons et dansons toute la nuit !

MODÈLE 3  2-30

Pour aller à la poste, allez tout droit jusqu'au carrefour et tournez à gauche.

MODÈLE 4  2-31

Vous voulez aller à la gare ? C'est loin ! Allez-y* en métro ou en bus.

* y : 「そこに」

1 命令形 🎧 2-32

- 2人称単数（tu または vous）、1人称複数（nous）、2人称複数（vous）について使う
- 作り方の原則＝主語人称代名詞を除いたそれぞれの現在形の活用（tu の活用の **s** が除かれる場合がある）

動詞の不定詞	parler	finir	aller	venir	prendre	faire
Tu の場合	Parle*	Finis	Va*	Viens	Prends	Fais
Nous の場合	Parlons	Finissons	Allons	Venons	Prenons	Faisons
Vous の場合	Parlez	Finissez	Allez	Venez	Prenez	Faites

cf. *parler*：*tu parle**s***　　　*aller*：*tu va**s***

●否定命令

動詞	parler
Tu	*Ne parle pas*
Nous	*Ne parlons pas*
Vous	*Ne parlez pas*

●命令形の例外

動詞	être	avoir	savoir*
Tu	Sois	Aie	Sache
Nous	Soyons	Ayons	Sachons
Vous	Soyez	Ayez	Sachez

＊savoir の活用は Appendice 参照

ex Nous allons au cinéma. *Viens* avec nous !　　私たち映画に行きます。一緒に来て！

Parlez plus fort ! Je ne vous entends pas.
　　　　　　　　　もっと大きな声で話してください。声が聞こえません。

N'*utilisez* pas votre i-Phone dans l'avion.
　　　　　　　　　機内では iPhone を使わないでください。

Soyons gentils avec les gens âgés.　　　　お年寄りには親切にしましょう。

練習しましょう！

1. 次の動詞について肯定の命令形を作りましょう。

　　1. chanter　　　　　　　2. regarder　　　　　　　3. écouter

2. 上記1の練習で作った命令形を否定にしましょう。

cf. **教室で使える命令形を使った表現** 🎧 2-33

Parlez fort. 大きな声で話してください。　　　*Écoutez.* 聞いてください。
Regardez le tableau. 黒板を見てください。　　*Répétez.* リピートしてください。
Commencez. （練習を）始めてください。　　　*Lisez la phrase.* 文を読んでください。

2 道順の説明のしかた 🎧 2-34

- 道順の説明で使う表現：

　aller tout droit（まっすぐに進む）, *tourner à droite / à gauche*（右に / 左に曲がる）, *continuer*（そのまま進む）, *entrer dans X*（X の中に入る）, *prendre la rue X*（X 通りを行く）, *passer devant X*（X の前を通る）, *traverser la rue*（道を横切る）

　＊実際に使う時は動詞を命令形にする：

ex *Allez tout droit* et *tournez à gauche*.　直進して左に曲がってください。
　　Passez devant le cinéma.　　　　映画館の前を通ってください。

・その他方向や位置関係を示す表現：*jusqu'à X*（X まで）、*le long de X*（X に沿って）

ex Continuez *jusqu'à la* poste.　　郵便局まで道なりに進んでください。
　　Marchez *le long du* boulevard.　大通りに沿って歩いてください。

③　交通手段 🎧 2-35

・「〜（交通手段）に乗る」は動詞 **prendre** ＋**交通手段**（ex *le bus, le train*）で表せる（⇒ 6 課）
・動詞 **aller** ＋ 場所 **en / à** 交通手段「... で行く」ということもできる

ex *Je prends le train et le métro* pour aller à Namba.
　　　　　　　　　　　　　　　　　　難波に行くのに電車と地下鉄に乗ります。

　　= Je vais à Namba *en train et en métro*.　電車と地下鉄で難波に行きます。
　　Michel va à la faculté *à vélo*.　ミシェルは自転車で大学に行きます。
　　Nous allons à la gare *à pied*.　私たちは徒歩で駅に行きます。

＊**à** ＋ 交通手段になるもの　⇒ 上にまたがるもの / 徒歩：**vélo, moto, pied**
　en ＋ 交通手段になるもの　⇒ 中に乗り込むもの：**train, métro, avion, bus, taxi, voiture**

・ 練習しましょう！ ・ (Exerçons-nous!)

1. tu, vous に対して次の表現を使って道順を示しましょう。

　　1. aller tout droit　　　2. passer devant la poste　3. tourner à gauche

2. 否定命令を使って言いましょう（vous に対して）。

　　1. traverser la rue　　　2. tourner à droite　　　3. prendre le train

3. 次の交通手段を使って目的地に行くと言いましょう（主語は je）。

　　1. le bus / la faculté　　2. le train / Umeda　　3. le shinkansen / Tokyo

cf. 街でよく見る施設・建物など 🎧 2-36

施設関係		道路・交通関係	
poste (f.) 郵便局	restaurant (m.) レストラン	rue (f.) 道（=street）	place (f.) 広場
banque (f.) 銀行	cinéma (m.) 映画館	avenue (f.) 並木道	pont (m.) 橋
hôpital (m.) 病院	magasin (m.) 店	boulevard (m.) 大通り	
pharmacie (f.) 薬局	grand magasin (m.) デパート	carrefour (m.) 交差点	
hôtel (m.) ホテル	supermarché (m.) スーパー	gare (f.) 駅	
café (m.) カフェ	supérette (f.) コンビニ	station de métro (f.) 地下鉄の駅	
mairie (f.) 市役所・役場	église (f.) 教会	arrêt de bus (m.) バス停	

1 下線部を命令形にして、全体を日本語に訳しましょう。

1. <u>répéter</u> en écoutant le français.

⇒ ....

2. <u>ne pas parler</u> pendant l'examen.

⇒ ....

3. <u>être</u> prudent quand vous traversez la rue.

⇒ ....

4. <u>passer</u> devant le café. Le cinéma est sur votre gauche.

⇒ ....

5. <u>aller</u> au restaurant à pied. C'est tout près de votre hôtel.

⇒ ....

2 日本語の意味に合うようにリストから表現を選んで ...... に入れましょう。

1. 直進して交差点を左に曲がってください。

.... et .... au carrefour.

2. ボナパルト通りに行って広場まで進んでください。

.... la rue Bonaparte et .... à la place.

3. フランソワ・ミッテラン通りを横切ってルーヴルの中庭にはいってください。入口は右にあります。

.... le quai François Mitterrand et .... la

cour du Louvre. L'entrée est ....

> continuez, à gauche, tournez, entrez, prenez, traversez,
> à droite, jusqu', dans, tout droit, allez

3 どんな交通手段を使えばよいか、命令形を使ってアドバイスをしましょう。

1. Je travaille à Osaka. Je voudrais aller à New York pour les vacances de Nöel.

....

2. Il est 8 h 40. Je suis à la gare de Kyoto. Je voudrais arriver au château de Nijyo avant 9 heures.

....

3. J'habite à Osaka. Je voudrais visiter le Enryakuji ce week-end.

....

Leçon 15

天候・気候の表し方、時・理由・条件の表し方

Leçon 15 では天候・気候の表し方や、時・理由・条件の
表し方を使い、より詳しい内容を表せるようにします。

À Kyoto, il fait très chaud et humide
en été. En hiver, il fait assez froid. Il
neige de temps en temps.

Quand j'ai cours à 9 heures, je me
lève très tôt. Comme je suis pressé,
je ne mange rien.

S'il fait beau demain, je voudrais aller
faire des courses à Umeda.

Tu as mal à la tête ?
Prends une aspirine.

1 天候・気候の表し方 🎧 2-41

- 人を示さない非人称の代名詞 **il** を主語とする
- **il fait** + 形容詞、**il y a** + 名詞あるいは **pleuvoir, neiger** など天候を表すための動詞を伴って作る

よく使う天候・気候の表現					
Il fait beau.	晴れ	**Il fait chaud.**	暑い	**Il fait bon.**	気持がいい
Il fait mauvais.	天気が悪い	**Il fait froid.**	寒い	**Il y a du vent.**	風がある
Il pleut.	雨が降る	**Il fait doux.**	暖かい	**Il y a du soleil.**	陽が出ている
Il neige.	雪が降る	**Il fait frais.**	涼しい	**Il y a des nuages.**	雲が出ている
		Il fait humide.	湿気がある		

ⓔⓧ Quel temps fait-il aujourd'hui ? 今日はどんな天気ですか？

　-*Il fait beau*, mais très *froid*. 天気は良いけれどとても寒いです。

　Il y a aussi *du vent*. 風もあります。

　Au Japon, *il fait doux* au printemps. 日本では、春は温暖です。

　Il fait très *chaud* et *humide* en été. 夏はとても暑く湿気があります。

　En automne, *il fait beau* et *agréable*. 秋は、天気が良く快適です。

　En hiver, *il fait froid*. Dans le nord du Japon, *il neige* souvent.
　　　　　　　　　　　　　　　冬は寒いです。北部ではよく雪が降ります。

　Il fait froid, mais *je n'ai pas froid*, parce que je porte un manteau.
　Un manteau, c'est chaud !
　寒いけど、私は寒くないんです。なぜならコートを着ているから。
　コートは暖かいんです！

　cf. 「（スープなどが）熱い」など ⇒ **C'est** + 形容詞： *C'est chaud. C'est frais.*
　　　 「（私は）暑い」など自分の感覚 ⇒ **avoir** + 名詞： *J'ai chaud. J'ai froid.*

自分の感覚を示す表現			
avoir chaud	暑い	**avoir faim**	空腹だ
avoir froid	寒い	**avoir soif**	喉が渇く
avoir peur	怖い	**avoir sommeil**	眠い
avoir honte	恥ずかしい	**avoir mal**	痛い

● 「〜が痛い」は

　avoir mal à + 身体の部分で表す

　　J'ai mal à la tête.
　　J'ai mal au ventre.

練習しましょう！

1. 自分の感覚を示す表現の主語を je にして肯定と否定で言いましょう。

2. 次の身体の部分が痛いと言いましょう（主語は je）。前置詞 à と定冠詞の縮約があります。

　　1. la tête　　　　　2. le ventre　　　　　3. les dents

2　時・理由・条件を表す状況節の作り方 🎧 2-42

状況節＝いつ、なぜ、どのような条件で、等、主節の事柄が起こる状況を示す

・時　：*quand* (= when[英])

　　　　主節の前 / 後に置かれ、事柄が起きる時期を表す状況節を導く

・理由：*comme* (= as[英])

　　　　主節の前に置かれ、事柄が起きる前提となる理由を表す状況節を導く

　　　　parce que (= because [英])

　　　　主節の後 / 前に置かれ、事柄が起きる理由を表す状況節を導く

・条件：*si* (= if [英])

　　　　主節の前 / 後に置かれ、事柄が起きるための条件を表す

ex　*Quand je vais à Tokyo, je vois toujours un de mes vieux amis.*
　　東京に行くときはいつも旧友（の一人）に会います。

　　Comme j'adore voir des films, je vais au cinéma une fois par mois.
　　映画を見るのが大好きなので、私は月に一度は映画に行きます。

　　Vous devez étudier sérieusement, *parce qu'*il y a un test de français mardi prochain.
　　来週の火曜日にフランス語のテストがあるので、（あなたは）まじめに勉強しなければなりません。

　　Prenez un taxi *si* vous êtes pressé(e).
　　急いでいるのならタクシーに乗ってください。

cf.　*quand*：il(s), elle(s), on の前で *quand il* [kɑ̃til]/ quan**d e**lle [kɑ̃tɛl]/ quan**d on** [kɑ̃tɔ̃] となる

　　　si：il(s) の前でエリジオンにより *s'il* [sil] となる

◆ 練習しましょう！　（Exerçons-nous!）

明日 (demain) 次のような天気だったら何をしたいですか？右のすることから選んで「～したい（*Je voudrais...*）」と言いましょう。

1. S'il fait beau,　　　　· rester à la maison
　　　　　　　　　　　　· parler avec des amis dans un café

2. S'il fait mauvais,　　　· aller au cinéma
　　　　　　　　　　　　· faire du ski

3. S'il fait froid,　　　　· visiter Kyoto
　　　　　　　　　　　　· se promener

1 日本語の意味に合うようにリストから言葉を選んで ...... に入れましょう。

1. .... il n'y a .... dans le frigo, on va acheter .... plats à emporter.

   冷蔵庫に何もないのならテイクアウトの料理を買いに行きましょう。

2. .... j'ai .... , je .... de l'eau.

   喉が渇いた時は水を飲みます。

3. .... il .... Sophie lit .... elle.   lit < lire

   寒いのでソフィーは自宅で読書している。

4. Au Japon, ... beaucoup en juin, ... c'est la

   saison des pluies.

   日本では 6 月にたくさん雨が降る、梅雨だから。

> bois, peux, pleut, des, ai, chez, il, dans, parce que, soif, comme, quand, aux, s', fait, froid, rien

2 次の状況で何をしますか？適当なものを結びつけ日本語に訳しましょう。

1. Quand j'ai froid,   · je vais acheter quelque chose à manger à la
                                 supérette.

2. Quand j'ai mal à la tête,   · j'ouvre la fenêtre.   ouvre < ouvrir

3. Quand j'ai faim,   · je prends des aspirines.

4. Quand j'ai chaud,   · je mets un manteau.   mets < mettre

   cf. ouvrir, mettre の活用は Appendice 参照

日本語訳：1. ....

　　　　　2. ....

　　　　　3. ....

　　　　　4. ....

3 リストから選んで文の続きを書きましょう。主語に合わせて動詞は活用しましょう。

1. Comme il neige, Akira ....

2. S'il fait beau demain, nous ....

3. Quand il fait chaud et humide en été,

   　　　　　　mes parents ....

4. Comme il fait bon aujourd'hui, je ....

> aller se promener dans le parc, aller faire des courses à Umeda,
>
> aller faire du ski, rester à la maison et regarder la télé, aller faire du patinage,
>
> allumer le climatiseur, aller à la piscine, aller au cinéma, faire un bonhomme de neige

UNITÉ 5 コミュニケーション問題

1 フランスの友人から、最寄り駅からアパートまでの道順を説明する **LINE** メッセージが届きました。メッセージを読んで地図に道順を書き入れましょう。

> En sortant de la station de métro Cadet, tourne à droite : il y a un café-restaurant sur ta droite. Continue la rue Cadet jusqu'à un petit carrefour. En traversant le carrefour, va tout droit dans la rue Rochechouard. Tu passes devant la bibliothèque et arrives à la rue de Maubeuge. Traverse la rue. Mon appartement est à côté d'un petit supermarché.

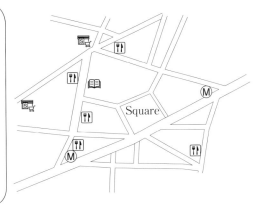

2 -1. Akira と Sophie が写真を見ながら話しています。フランス語を聴いて会話を完成させましょう。 🎧 2-43

Akira — (　　　　　) ! C'est la photo de mon frère Jun. Il habite maintenant aux États-Unis (　　) ses études.

Sophie — Ce garçon (　　) (　　　　　) ton frère, c'est son camarade ?

A. — Oui, c'est Sylvain. Il vient (　) (　　　　).

S. — Ils sont (　) un concert ?

A. — Oui. Ils (　　　) le jazz et ils vont souvent (　) concert.

S. — Super !

A. — Oui, mais (　　　) le dernier bus (　　　) à 22h30, ils (　　　) quitter le concert à 22h15.

S. — C'est dommage. Ils ne (　　　　) pas y aller (　) (　　　) ?

2 -2. 会話の情報を整理しましょう。

2 -3. ペアで会話の練習をしましょう。

3 カナダのトロント（**Toronto**）に留学していると仮定して、上のモデルを参考にして自分の出身、住んでいるところ、通学状況（自転車で大学に行く）を説明するフランス語の文章を書きましょう。

位置関係、方位、季節、道順の表し方、体のパーツ

位置関係 🎧 2-44

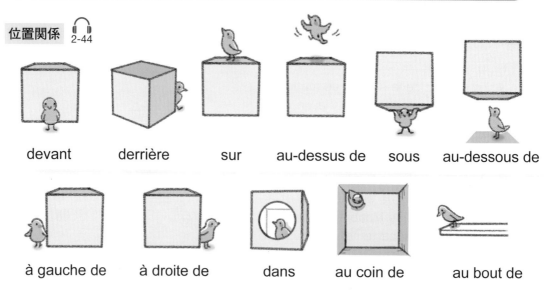

| devant | derrière | sur | au-dessus de | sous | au-dessous de |

à gauche de　à droite de　dans　au coin de　au bout de

方位 2-45

au nord de

à l'ouest de ——————— à l'est de

au sud de

季節 🎧 2-46

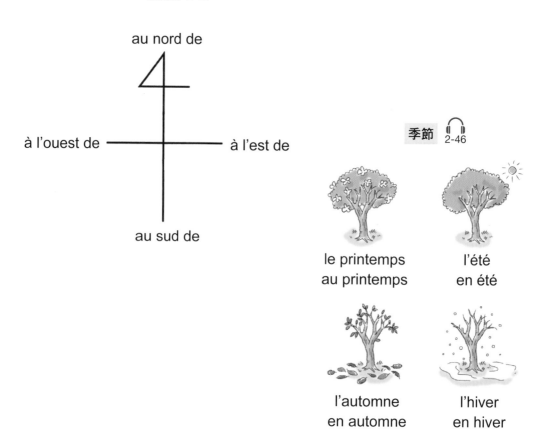

le printemps
au printemps

l'été
en été

l'automne
en automne

l'hiver
en hiver

道順の表し方
2-47

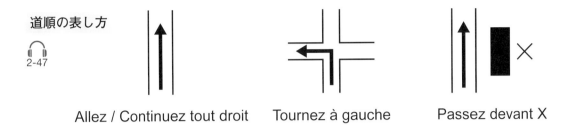

Allez / Continuez tout droit　Tournez à gauche　Passez devant X

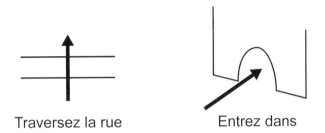

Traversez la rue　Entrez dans

体のパーツ　2-48

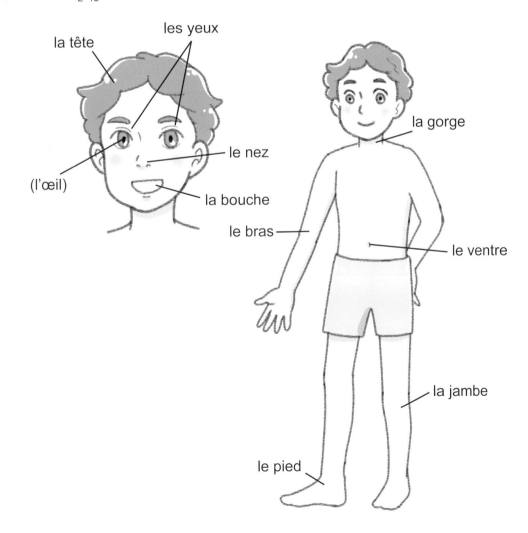

la tête

les yeux

le nez

(l'œil)

la bouche

la gorge

le bras

le ventre

la jambe

le pied

UNITÉ 5 で学んだ文法と語彙を使うと、次の内容についてコミュニケーションをすることができます。

- □ a. 授業中にすること（聴く・リピートする・話す・読む・おしゃべりしない）についてフランス語で書かれた指示を理解する
- □ b. フランス語で授業中にすること（聴く・リピートする・話す・読む・おしゃべりしない）を聞いて内容を理解する
- □ c. フランス語で書かれた道順の説明を理解する
- □ d. 自分の出身、住んでいる都市と国、大学に行く交通手段を言う／相手に同じことを尋ねる
- □ e. 日本（または自分の住んでいる都市）の四季の気候を言う
- □ f. 自分の感覚（ex 空腹・のどが渇いた・寒い）を言う／相手に尋ねる
- □ g. やりたいこととその条件（ex 明日晴れたら京都に行きたい）を言う
- □ h. やらなければならないこととその理由（ex 来週テストがあるので勉強しなければならない）を言う

フランス文化 Petit 情報

▎フランスにおける日本文化

　フランスはヨーロッパの中でも日本文化に関心が高いことで知られています。samuraï サムライ、karaoké カラオケなどはフランス語になっており、最近では布団や弁当が流行して、futon、bento という言葉も使われるようになりました。パリには 300 を超える日本食レストランがあり、天ぷらや焼き鳥、お寿司などの日本食はフランス人の食生活にかなり定着しているようです。また、今や世界のスポーツとなった日本生まれの柔道はフランスでは大変人気があります。競技人口は約 56 万人で日本の競技人口約 21 万人の倍以上になります。

　近年では日本のポップカルチャーを代表するものとして、アニメやマンガが日仏の文化交流に大きな役割を果たしています。世界的に知られている宮崎駿だけでなく、『ドラゴンボール』、『北斗の拳』などのアニメはテレビで放映され大ヒットしました。若い世代のフランス人にはマンガやアニメのコスプレ大会も好まれているようです。2000 年からパリ郊外のノールヴィルバントで開催されている Japan Expo（ジャパン・エキスポ）では、華道、茶道、折り紙などの伝統文化とマンガ、アニメ、モード、音楽などのポップカルチャーが紹介されています。入場者数は年々増加しており、2019 年にはなんと 4 日間で約 25 万 2 千人が訪れています。

パリのモンパルナス駅にある寿司スタンド。駅でも買えるほどお寿司はフランス人の生活になじんでいます。

Leçon 16

Leçon 16 では直説法現在形の用法をまとめます。
さらに近い未来・近い過去を表す言い方を学び、事柄の
時間的表し方のニュアンスをつけられるようにします。

MODÈLE 1 🎧 2-49

La Lune tourne autour de la
Terre.

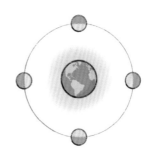

MODÈLE 2 🎧 2-50

Qu'est-ce que tu vas faire
dimanche prochain ?

- Je vais visiter Nara avec
  Sophie. Elle voudrait aller
  voir le Todaiji.

MODÈLE 3 🎧 2-51

Mon frère vient de rentrer de
son voyage d'études aux États-
Unis.

1 直説法現在形 2-52

・現在の習慣、現在継続中・進行中の事柄を表す
・普遍的事実を表す
・実現確実と考えている近い未来の事柄を表す

> (ex) Du lundi au jeudi, j'*ai* trois cours.
> Le samedi matin, Miki *fait* des courses au supermarché.
> Sophie *habite* à Kyoto depuis avril 2018.
> La Terre *tourne* autour du Soleil.
> Nous *allons* au cinéma ce week-end.
> J'*arrive* tout de suite.

＊ 下線部の表現は意味を確定する助けとなる時間表現

・練習しましょう！ Exerçons-nous!

上の例文を読んで日本語に訳しましょう。

2 近接未来形：aller ＋動詞の原形 2-53

・近い未来に行う予定であること、行う意志があることを述べる
・英語の *be going to* ～に相当する

> (ex) Qu'est-ce que vous *allez faire* pendant les vacances de Noël ?
> Je *vais fêter* mon 19ᵉ anniversaire le 15 janvier.
> Paul et Philippe *vont voyager* aux États-Unis l'année prochaine.

＊ 下線部の表現は意味を確定する助けとなる時間表現
＊ aller ＋ 動詞の原形は「～しに行く」を表すこともある。近接未来との違いは後続の動詞句の意味や時間表現、その他文脈情報によって確定されるが、判別がつかない場合もある

cf. Je vais chanter au karaoké ce week-end. 「カラオケで歌うつもり / 歌いに行く」

・練習しましょう！ Exerçons-nous!

上の例文を読んで日本語に訳しましょう。

3 近接過去形：venir de ＋ 動詞の原形 2-54

・事柄が終わったばかりであることを強調する（「～したばかり」）ために用いる
・ほぼすべての動詞と共に組み合わせることができる
・過去を表す時の表現「hier（昨日）」「la semaine dernière（先週）」等と共に使うことはできない　⇒ Leçon 17　複合過去形

 Nous *venons de terminer* le repas.

Mon amie française *vient d'arriver* à l'aéroport. Je vais la chercher.

la = mon amie française

Je *viens de finir* mon rapport. Demain, je vais me promener à moto avec des amis.

On *vient de recevoir* votre mail.

練習しましょう! (Exerçons-nous!)

1. 上の近接過去の例文を読んで日本語に訳しましょう。

2. 次の事柄を①近接未来形、②近接過去形で言いましょう（主語は je, il/elle）。

   1. voir un film   2. téléphoner à un ami   3. avoir le cours de français

3. 上記２で作った近接未来の文を否定文にしましょう。

---

4 現在と未来にかかわる時の表現 🎧 2-55

・現在に関わる時の表現（aujourd'hui 以外）には**指示形容詞 ce/cet/cette** をつける

・未来に関わる時の表現

  - **一日の時間帯**については *demain*（明日）＋時間帯の表現

  - **週・月・年**（その他、日付・季節）については**定冠詞＋時間の単位＋** prochain(e)

	現在	未来
日	*aujourd'hui* *ce* matin *cet* après-midi *ce* soir	*demain* *demain* matin *demain* après-midi *demain* soir
曜日	*ce* lundi /mardi/mercredi...	lundi /mardi/mercredi *prochain*
週	*cette* semaine *ce* week-end	la semaine *prochaine* le week-end *prochain*
月	*ce* mois	le mois *prochain*
年	*cette* année	l'année *prochaine*

練習しましょう!  (Exerçons-nous!)

1. 曜日を月曜～日曜までかえて「来週の○○曜日」と言ってみましょう。

2.「今週末に①映画を見るつもり、② TDL に行くつもり」と言ってみましょう。

1 動詞の活用形の意味に注意して、次の文を日本語に訳しましょう。

1. Le père de Sophie va prendre sa retraite dans 2 ans.

   ....

2. Excusez-moi d'être en retard. – Ce n'est pas grave. La soirée vient de commencer.

   ....

3. Qui ne risque rien n'a rien.

   ....

4. Akira travaille dans un restaurant italien depuis juillet.

   ....

2 リストの言葉を活用して、日本語の意味に合うフランス語の文を作りましょう。

1. L'été ...., Miki .... aller faire un stage de français au Québec.
   来年の夏、ミキはカナダのケベックに語学研修に行きます。

2. Mon père .... d'être muté à Tokyo. Je .... le voir le
   ....
   父は東京に転勤したばかりです。来月父に会いに行きます。

3. Qu'est-ce que vous .... faire .... ?
   - Nous .... nous amuser à TDL avec des amis.
   今週末何をする予定ですか？－友人と TDL で遊ぶつもりです。

   ┌──┐
   │ allez, allons, va, vais, vas, vont, prochain, prochaine, ce, cette, cet, week-end, mois, │
   │ semaine, viens, vient, venons, venez, viennent │
   └──┘

3 例を参考にして、日本語の意味に合うように、近接過去形と近接未来形を使って文を作りましょう。

   ex *Je **viens de** finir mes devoirs. Demain, je **vais** voir un film avec des amis.*

1. アキラは家を出たばかりです。5分後（dans 5 minutes）に駅に着きます。

   ....

2. 私は帰宅したばかりです。今晩ソフィーに電話するつもりです。 *téléphoner à* + 人

   ....

3. 妹は高校を出た（sortir du lycée）ばかりです。4月に大学に入る予定です。*entrer à....*

   ....

Leçon 17

これまでにしたこと・過去の出来事を表す

Leçon 17 では直説法複合過去形と過去の時間表現を学び、
これまでにしたこと・過去の出来事を表せるようにします。

MODÈLE 1 🎧 2-56

Tu as déjà fini ton rapport ?

- Non, je n'ai pas encore

fini mon rapport.

MODÈLE 2 🎧 2-57

Je n'ai pas mangé depuis ce matin.

J'ai faim.

MODÈLE 3 🎧 2-58

Hier soir, Akira est rentré à la maison

à 9 heures. Il a dîné, regardé un peu

la télévision et pris son bain. Il s'est

couché à 1 heure du matin.

1 直説法複合過去形 2-59

・「**現在完了**」と「**過去**」を表すことができる

・英語の現在完了と同様に、 **助動詞 (avoir / être)** ＋ **過去分詞** で作られる

manger	
j' **ai**	
tu **as**	
il **a**	
elle **a**	**mangé**
nous **avons**	
vous **avez**	
ils **ont**	
elles **ont**	

aller		
je **suis**	allé(e)
tu **es**	allé(e)
il **est**	allé
elle **est**	allée
nous **sommes**	allé(e)s
vous **êtes**	allé(e)(s)
ils **sont**	allés
elles **sont**	allées

se lever			
je **me** **suis**	levé(e)
tu **t'** **es**	levé(e)
il **s'** **est**	levé
elle **s'** **est**	levée
nous **nous** **sommes**	levé(e)s
vous **vous** **êtes**	levé(e)(s)
ils **se** **sont**	levés
elles **se** **sont**	levées

● 助動詞の使い分け

- すべての**他動詞**・大部分の**自動詞** ⇒ 助動詞は **avoir** ⓔⓧ *J'ai mangé.*

- 往来 (aller/venir)・発着 (partir/arriver)・出入 (sortir/entrer)・昇降 (monter/descendre)
・生死 (naître/mourir) 等、**場所の移動や状態の変化を表す自動詞**と**代名動詞**

⇒ 助動詞は **être** ⓔⓧ *Je suis venu(e).*
Je me suis levé(e).

● 過去分詞の作り方

不定詞の語尾		過去分詞	例外
-er	**-é**	**manger** → *mangé* **aller** → *allé*	
-ir	**-i**	**choisir** → *choisi* **partir** → *parti*	**venir** → *venu* **ouvrir** → *ouvert*
-re **-oir**	**-u**	**boire** → *bu* **voir** → *vu* **pouvoir** → *pu* **devoir** → *dû* **vouloir** → *voulu*	**être** → *été* **avoir** → *eu* **faire** → *fait* **prendre** → *pris* **naître** → *né* naître 生まれる

・練習しましょう!・  Exerçons-nous!

1. 過去分詞の表に載っている動詞の意味を確認しましょう。

2. 表の動詞の不定詞と過去分詞を発音しましょう。

● **語順**

| 否定 | Je *n'*ai *pas* mangé. | Je *ne* suis *pas* parti. |
| 疑問（倒置疑問） | *As*-tu *mangé* ? | *N'*es-tu *pas* parti ? |

● **用法**

・**完了**「（すでに）～した・（まだ）～していない」

Tu *as fini* ton devoir ?　- Oui, j'*ai* déjà *fini*.　　　–もう終わりました。
宿題は終わった？　　　　　- Non, je n'*ai* pas encore *fini*.　–まだ終わっていません。

・**経験**「～したことがある・ない」

Vous *êtes* déjà *allé* à TDL ?　- Oui, je *suis allé* deux fois à TDL.
TDL に行ったことありますか？　　　　　　　　　　–はい、2 回行きました。

　　　　　　　　　　- Non, je ne *suis* jamais *allé* à TDL.

　　　　　　　　　　　　　　　　　–いいえ、行ったことありません。

・**結果の状態**「（～した結果）…である／…になっている／（～以来）…していない」

Ma mère *est sortie* depuis 1 heure.　　　母は 1 時間前から外出しています。
(=Maintenant elle n'est pas à la maison.)　（今、母は家にいません）
　Je n'*ai* pas *vu* Sophie depuis la semaine dernière.

　　　　　　　　　　　　　　先週からソフィーに会っていません。

・**過去**「～した・～しなかった」

Hier, Sophie *a eu* 3 cours. Elle *est partie* de la maison à 8 heures.
Elle *a pris* le bus et *est arrivée* à la faculté à 8 heures 45.

昨日、ソフィーは 3 つ授業があった。8 時に家を出て、バスに乗り、大学に 8 時 45 分に着いた。

・**過去分詞の性数一致**

être を助動詞に取る場合	⇒	過去分詞は主語の性数に一致
		ⒺⓍ Elle est allé**e**. Ils sont allé**s**.
代名動詞の場合	⇒	再帰代名詞が直接目的語の場合、その性数に一致
		ⒺⓍ Elle s'est levé**e**. Ils se sont levé**s**.

⬛ **練習しましょう！**　（Exerçons-nous!）

次の動詞の肯定と否定の複合過去形を作りましょう。主語はすべて je です。

prendre	avoir	aller
faire	être	venir
manger	partir	

2　**過去の時の表現**　🎧 2-60

	過去	過去に関わる時の表現
日	*hier* *hier* matin/après-midi/soir	-1 日の時間帯については *hier*（昨日）＋時間帯の表現
曜日	lundi /mardi/mercredi *dernier*	
週	la semaine *dernière* le week-end *dernier*	- 週・月・年（その他、日付・季節）については定冠詞＋時間の単位＋ dernier (ère)
月	le mois *dernier*	（英語の last に相当）
年	l'année *dernière*	

1 ① 複合過去形の部分に下線を引き、使われている動詞の原形を探しましょう。

② 文を日本語に訳しましょう。

1. Tu as déjà mangé du foie gras ? - Non, je n'ai jamais mangé de foie gras.

2. Sophie est allée deux fois à Kanazawa.

3. Marc a l'air fatigué.   - Il n'a pas dormi depuis deux jours.

4. Le week-end dernier, nous avons mangé dans un izakaya.

5. Hier soir, je me suis couché à minuit.

2 次の動詞を複合過去形に活用させて、日本語の意味に合う文を作りましょう。

1. Sophine .... déjà .... le Horyuji ? (visiter)

ソフィーは法隆寺を訪れたことがありますか？

2. Mika n' .... pas encore .... son rapport. (présenter)

ミカはまだレポートを提出していない。

3. Sophie est très occupée. Elle n' .... pas .... à son café préféré

depuis 2 mois. (aller)

ソフィーはとても忙しく、お気に入りのカフェに 2 か月行っていない。

4. Ce matin, je .... à 6 heures. (se lever)

今朝、6 時に起きました。

5. Hier, je .... au cinéma avec des amis. (aller)

昨日、友人たちと映画に行きました。

3 質問に対する答えを作りましょう。

1. Vous avez déjà visité le château de Himeji ?

....

2. Ce matin, vous vous êtes levé(e) à quelle heure ?

....

3. Qu'est-ce que vous avez mangé ce matin ?

....

4. Ce matin, vous êtes parti(e) à quelle heure ?

....

Leçon 18

動詞時制形と時間表現を含む総合問題

Leçon 18 は動詞時制形と様々な時間表現を含む総合
問題です。少し長めのメール文を読んで内容を理解し
たり、週末や休暇中にしたことを言えるようにします。

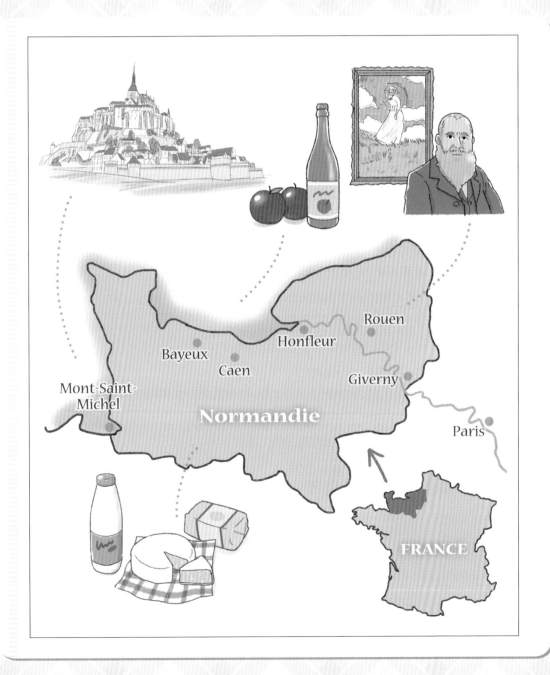

Rouen

Honfleur

Bayeux

Caen

Giverny

Mont-Saint-
Michel

Normandie

Paris

FRANCE

1 メール（1） 2-61

日本に留学していたソフィーが春休みに一時帰国してアキラに送ったメールです。

Cher Akira,

Ça fait déjà un mois que je suis rentrée en France. Je vais très bien.
Ce printemps, j'ai passé mes vacances chez mes grands-parents en Normandie. J'ai visité toute la région. Le week-end dernier, je suis allée à Rouen avec ma sœur. C'est une grande ville au bord de la Seine. Nous avons visité la Cathédrale, l'Horloge et d'autres monuments historiques. À midi, nous avons déjeuné dans une crêperie. J'ai mangé des crêpes et ma sœur une galette. L'après-midi, nous nous sommes promenées dans la ville. Nous avons passé un excellent week-end !
Avant de retourner au Japon fin mars, je vais aller voir la tapisserie de Bayeux.

À bientôt !
Sophie.

・ 重要な時間表現（1）

Ça fait 時間 que S + V：que 以下のことをして〜の時間が経つ

Ça fait une semaine qu'Akira est parti en vacances.
アキラが休暇に出かけて 1 週間になります。

Ça fait 2 ans que j'habite à Osaka.
私は大阪に住んで 2 年になります。

avant de + 動詞の不定詞：〜する前に

Mika se brosse les dents *avant de se coucher*.
ミカは寝る前に歯を磨きます。

Je fais des courses *avant de rentrer chez moi*.
私は帰宅する前に買い物をします。

 練習しましょう！ Exerçons-nous!

上のメール文を読んで次の質問に答えましょう。

1. ソフィーがヨーロッパに帰ってからどれくらいになりますか？

2. ソフィーはこの春何をしましたか？時間表現と動詞の複合過去形の部分に下線を引き、ソフィーがしたことをまとめましょう。

3. ソフィーはいつ頃日本に戻ってきますか？

4. 日本に戻る前にソフィーがしようと思っていることは何でしょうか？

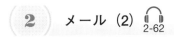

②　メール（2） 2-62

アキラがソフィーに送ったメールです。

Chère Sophie,

Merci beaucoup pour ton mail.

Moi, au début de mes vacances, j'ai travaillé dix jours dans un grand magasin. J'ai gagné 100,000 yens. Ensuite, je suis parti faire le tour de Shi-koku avec mes amis. On est passés par Seto-ohashi et est arrivés à Taka-matsu. Là, on a mangé des udon. Après, on est allés à Tokushima pour voir le grand tourbillon de Naruto. C'est impressionnant ! Après la visite de Kochi, on est à Matsuyama depuis ce matin. On va loger ce soir dans la pension d'une station thermale. On rentre à Osaka dans deux jours.

À très bientôt !
Akira

・**重要な時間表現（2）**

 depuis ＋ 時間 / 期間のはじめの時点　　～からずっと（過去時から現在までの継続を表す）

  Paul habite à Fukuoka *depuis 1 an*.   ポールは 1 年前から福岡に住んでいます。
  Je n'ai pas vu Akira *depuis la semaine dernière*. 先週からアキラに会っていません。

 ＊ *depuis* ＋ 時間を含む文は *Ça fait* 時間 *que* …で書き換えることができる

  Paul habite à Fukuoka *depuis 1 an*.
  = *Ça fait 1 an que* Paul habite à Fukuoka.

 dans ＋ 時間　　（今から）～後に

  Hélène va partir pour la France *dans une semaine*.
         エレーヌは 1 週間後にフランスに発つ予定です。
  Téléphonez-moi *dans une heure*.   1 時間後に（私に）電話してください。

　練習しましょう！　Exerçons-nous!

上のメール文を読んで次の質問に答えましょう。

 1. アキラは春休みの最初に何をしましたか？したことの内容、期間など詳しく述べてください。

 2. 次にアキラは四国一周旅行に行っています。

  ①　行程と訪れた都市でしたことをまとめてください。

  ②　現在アキラはどこにいますか？

  ③　これから何をしようとしていますか？（2つしようとしていることがあります）

1 日本語の意味に合うようにリストから言葉を選び、...... に入れて文を完成させましょう。

1. Akira étudie le français .... 10 mois.

   アキラは 10 か月前からフランス語を勉強している。

2. Nous partons de la maison .... 15 minutes.

   私たちは 15 分後に家を出ます。

3. Je me brosse les dents .... prendre le petit déjeuner.

   - Moi, je me brosse les dents .... le petit déjeuner.

   僕は朝ごはんを食べる前に歯を磨くんだ。―私は朝ごはんの後に歯を磨くわ。

avant de, dans, après, depuis

2 日本語の意味に合うようにリストから動詞を選び、適切な形に変えて入れましょう。

1. Ce week-end, j' .... une amie. Nous .... au cinéma

   et puis nous .... dans un restaurant italien.

   週末友達に会い、一緒に映画に行った。その後イタリアンレストランで食事をした。

2. Ce matin, je .... à 6 heures. Je .... à

   7 heures 50 et j' .... le bus à 8 heures 10. Maintenant

   j' .... de la musique dans le bus.

   今朝は 6 時に起きた。7 時 50 分に家を出て、8 時 10 分にバスに乗った。今、バスの中で音楽を聴いて
   いる。

se lever, voir, écouter, manger, aller, prendre, partir,

3 言葉を正しい順番に並べて日本語の意味に合うフランス語の文を作りましょう。

1. アキラは 3 日間（3 日前から）携帯を使っていない。

   3 jours., Akira, utilisé, son, n'a pas, portable, depuis,

   ....

2. 1 週間後には学期が終わる。　　*une semaine., semestre, se terminer, Le, va, dans,*

   ....

3. 私たち（on）は知り合いになって 8 か月になる。　*8 mois, fait, se connaît., qu', on, Ça,*

   ....

1 リストの表現をヒントにして、冬休みにしたことを書きましょう。

travailler dans un grand magasin / un restaurant / un juku	
	デパートで / レストランで / 塾で働く
fêter Noël avec des amis	友人とクリスマスを祝う
le Nouvel An avec sa famille	家族と正月を祝う
manger le gâteau de Noël	クリスマスケーキを食べる
se rendre dans un temple shintô	神社にお参りに行く　※ rendre は prendre と同じ活用
passer ses vacances du nouvel an chez ses parents	実家で正月休みを過ごす
aller faire du ski à ... avec des amis	友人たちと…へスキーに行く

2 冬休みにしたことについてやり取りをしましょう。

1. Pendant les vacances d'hiver, vous avez travaillé pour gagner de l'argent ?

2. Le 24 décembre, vous avez mangé du gâteau de Noël ?

3. Qu'est-ce que vous avez fait le 31 décembre ?

4. Le jour de l'An, vous vous êtes rendu(e) dans un temple shintô ?

5. Vous avez passé vos vacances du Nouvel An chez vos parents ?

「時」に関する表現のまとめ

| 「朝」 | 「昼」 | 「午後」 | 「夕方」 | 「夜」 |

le matin 　　à midi 　　l'après-midi 　　le soir 　　la nuit

「曜日」

lundi 　　mardi 　　mercredi 　　jeudi 　　vendredi 　　samedi 　　dimanche

「月」

janvier 　　février 　　mars 　　avril 　　mai 　　juin

juillet 　　août 　　septembre 　　octobre 　　novembre 　　décembre

「日付」

le 1ᵉʳ janvier (le jour de l'an [元旦])　le 3 mars (la fête des poupées [ひな祭り])

le 5 mai (la fête des enfants [子供の日])　le 7 juillet (la fête des étoiles [七夕])

「過去」「現在」「未来」に関する時間表現

	過去	現在	未来
日	*hier*	*aujourd'hui*	*demain*
	hier matin	*ce* matin	*demain* matin
	hier après-midi	*cet* après-midi	*demain* après-midi
	hier soir	*ce* soir	*demain* soir
曜日	lundi / mardi *dernier*	*ce* lundi /mardi	lundi /mardi *prochain*
週	la semaine *dernière*	*cette* semaine	la semaine *prochaine*
	le week-end *dernier*	*ce* week-end	le week-end *prochain*
月	le mois *dernier*	*ce* mois	le mois *prochain*
年	l'année *dernière*	*cette* année	l'année *prochaine*

UNITÉ 6 で学んだ文法と語彙を使うと、次の内容についてコミュニケーションをすることができます。

- ☐ a. 4 月からフランス語を勉強していると言う / いつからフランス語を勉強しているか相手に尋ねる
- ☐ b. 週末にする予定の事柄（映画に行く、カフェに行く、家にいる）を言う / 相手に尋ねる
- ☐ c. TDL / USJ に行ったことがあるかどうか言う / 相手に尋ねる
- ☐ d. 今日朝食を食べたかどうか言う / 相手に尋ねる
- ☐ e. 昨日したこと（起床、朝食、家を出る、大学に着く、授業、バイト、帰宅）を言う / 相手に尋ねる
- ☐ f. 週末にしたこと（映画に行く、買い物に行く、バイトに行く、家にいる）を言う / 相手に尋ねる
- ☐ g. 家族・友人について a.~e. を言う・尋ねる
- ☐ h. a.~g. について書かれた文章を読んで内容を理解する

フランス文化 Petit 情報

▌フランス人とバカンス

　フランスの学校では年間様々な休暇（vacances）の期間が設けられています。新学期は 9 月に始まりますが、10 月半ばを過ぎると 11 月初旬まで秋休み（Toussaint の休暇）があります。12 月後半から 1 月初めまではクリスマス休暇、さらに 2 月後半から 3 月初旬まで冬休みがあります（フランスでは冬至から春分の日の前日までが「冬」と定義されています）。夏休みは 7 月初旬から 8 月末まで続きます。フランスでは全国を 3 つの地域に分け、少しずつ期間をずらして休暇期間を設定し、旅行による交通混雑の緩和等に努めています。

　休暇の恩恵にあずかっているのは子供だけではありません。フランスではすべての労働者に年間 5 週間の有給休暇を取ることが義務づけられていて、そのうち 4 週間を 5 月 1 日から 10 月 31 日の間に、2 週間連続して取得しなければなりません。自分の生活を大事にするフランス人は有給休暇の取得率が非常に高く、世界の主要 19 か国中第 4 位（93%）です。ちなみに、日本人の有給休暇の取得率は 50% で 19 か国中最下位、半数以上の労働者が有給休暇を取ることに罪悪感を覚えるようです。過労死の問題が取りざたされる昨今、フランス人の考え方を参考にしてみる必要があるのかもしれませんね。

出典：https://welove.expedia.co.jp/
infographics/holiday-deprivation2019/

バカンス気分を盛り上げるパリ・プラージュ

Appendice

Appendice

1 -er 型動詞（第一群規則動詞）のヴァリエーション

-er 型動詞（第一群規則動詞）には変則的な活用をするものがある。

変化のタイプ	動詞	je, tu, il, elle, ils, elles	nous, vous
活用語尾の前の **-e-** に **アクサンが** **つく・アクサンの** **向きが変わる**	acheter (se) lever préférer	J'achète, il achète tu te lèves, ils se lèvent je préfère, elle préfère	nous achetons, vous achetez nous nous levons nous préférons, vous préférez
活用語尾の前で **子音を重ねる**	(s') appeler	je m'appelle tu t'appelles	nous nous appelons vous vous appelez
-y- が **-i-** に変わる	essayer	j'essaie, tu essaies ils essaient	nous essayons vous essayez
nous だけ活用が **変化**する	manger commencer	je mange, vous mangez je commence	nous mangeons nous commençons

ex Qu'est-ce que vous *achetez* à la supérette ?　　コンビニで何を買いますか？
　-J'*achète* du café, parce que c'est bon marché.　 －コーヒーを買います。安いから。

Le week-end, vous allez manger au restaurant ?　週末は外食しますか？
-Non, nous *mangeons* à la maison.　　　　　　 －いいえ、私たちは家で食べます。

Ma mère aime faire la cuisine.　　　　　　　　母は料理をするのが好きなんです。

2 不規則動詞の直説法現在形の活用

boire		courir		savoir		lire	
je	bois	je	cours	je	sais	je	lis
tu	bois	tu	cours	tu	sais	tu	lis
il	boit	il	court	il	sait	il	lit
nous	buvons	nous	courons	nous	savons	nous	lisons
vous	buvez	vous	courez	vous	savez	vous	lisez
ils	boivent	ils	courent	ils	savent	ils	lisent

mettre		ouvrir		voir	
je	mets	j'	ouvre	je	vois
tu	mets	tu	ouvres	tu	vois
il	met	il	ouvre	il	voit
nous	mettons	nous	ouvrons	nous	voyons
vous	mettez	vous	ouvrez	vous	voyez
ils	mettent	ils	ouvrent	ils	voient

3　人称代名詞強勢形

独立した形で、あるいは前置詞や接続詞の後で使う。

主語 人称 代名詞	je	tu	il	elle	nous	vous	ils	elles
強勢形	moi	toi	lui	elle	nous	vous	eux	elles

ex　Mes parents et *moi*, nous aimons bien le cinéma.　両親と私は映画が好きです。

Tu viens avec *nous* ?　私たちと一緒に来る？

Philippe habite toujours à Nagoya ?　フィリップは相変わらず名古屋に住んでいるの？

-*Lui*, il habite à Okayama depuis avril.　彼は4月から岡山に住んでいるよ。

4　疑問形容詞

	単数	複数
男性	quel	quels
女性	quelle	quelles

・英語の what または which に相当する。
・関係する名詞と性数一致する。

ex　*Quelle* est votre profession ?　あなたのご職業は？
　　Vous avez *quel* âge ?　（年齢は）おいくつですか？
　　Vous parlez *quelles* langues ?　あなたはどんな言語を話しますか？

5　許可・禁止・義務の別の表し方

pouvoir, devoir, vouloir を使わずに許可・禁止・義務を表すこともできる。

許可　*Il est permis de* manger dans la salle. = On peut manger dans la salle.
　　　教室でものを食べることは許可されている。

禁止　*Il n'est pas permis de* stationner ici. = On ne peut pas stationner ici.
　　　ここに駐車することは許可されていない。

　　　Il est interdit de stationner ici.
　　　ここに駐車することは禁止されている。

義務　*Il faut* prendre le petit déjeuner.
　　　朝食は食べなければなりません。 = Vous devez prendre le petit déjeuner.

　　　Il faut parler fort dans la classe. = Vous devez parler fort dans la classe.
　　　教室では大きな声で話さなければなりません。

！文の主語 « il » は非人称主語。許可と禁止の表現については英語の **It is + 形容詞 to 不定詞**と同じ構造を持つ。**de + 不定詞**以下が実質的な主語になる。

Index

名（＝名詞）　代（＝代名詞）　動（＝動詞）　代動（＝代名動詞）　形（＝形容詞）　冠（＝冠詞）　副（＝副詞）　前（＝前置詞）　間投（＝間投詞）

| | | ils/elles ont | |
| avril | 名(男) | 4月 |

B

bagage	名(男)	荷物
bain	名(男)	入浴、風呂
banque	名(女)	銀行
bas/basse	形	低い
base	名(女)	土台、基礎、基地
base-ball	名(男)	野球
bavarder	動	おしゃべりする、雑談する
beau/bel/belle	形	美しい、きれいな、見事な
beaucoup	副	とても、たくさん、大いに、たいへん
belge	形	ベルギーの
Belge	名	ベルギー人
Belgique	名(女)	ベルギー
Berlin	名	ベルリン
bibliothèque	名(女)	図書館、書庫
bien	副	上手に、順調に、よく Ex. C'est bien.「いいね、よかったね、結構です」
blanc/blanche	形	白い、無色の
bleu/bleue	形	青い
blond/blonde	形	ブロンドの、金髪の
blouson	名(男)	ブルゾン、ジャンパー
boire	動	～を飲む Ex. Je bois
boîte	名(女)	箱、クラブ
bon/bonne	形	よい、優れた、善良な
bonhomme	名(男)	(ある）人、男 Ex. bonhomme de neige「雪だるま」
Bonjour.	名(男)	おはよう、こんにちは（日中の挨拶）
Bonsoir.	名(男)	こんばんは（夕刻から寝るまでの間の挨拶）
bord	名(男)	沿岸、海岸、縁 Ex. au bord de「～の縁で、岸で、ほとりで」
bottine	名(女)	(ぼたん・ひもなどでとめる短い）ブーツ、ハーフブーツ
boulevard	名(男)	大通り
bout	名(男)	端、先、終わり、果て Ex. au bout de「～の突き当たりに、端に」
Brésil	名(男)	ブラジル
se brosser	代動	(髪を）とかす、（歯を）磨く、服にブラシをかける
brun/brune	形	褐色の、茶色の
bureau	名(男)	事務所、オフィス、机
beurre	名(男)	バター
bus	名(男)	バス

C

| ça | 代 | これ、それ、あれ、そのこと |
| café | 名(男) | 喫茶店、カフェ、コーヒー |

cafeteria	名(女)	カフェテリア、軽食堂
campus	名(男)	キャンパス、構内
Canada	名(男)	カナダ
Canadien/Canadienne	名	カナダ人
capitale	名(女)	首都、中心都市
carotte	名(女)	ニンジン
carré/carrée	形	正方形の、四角い
carrefour	名(男)	交差点、十字路
carte	名(女)	(銀行などの）カード
cathédrale	名(女)	カテドラル、大聖堂
Ça va.	間投	元気だ、いいよ、大丈夫だ
Ça va ?	間投	元気?、どう?、大丈夫?
ce	代	これ、それ、あれ
ce/cet/cette/ces	形	この、その、あの
celui-ci	代	こちら、こちらの人
cent	形	(名詞の前で）100の、たくさんの、（おもに名詞のあとで序数詞として）100番目の
	名(男)	100
centième	形	100番目の
céréales	名(複)	シリアル
changer	動	～を変える、変化させる、交換する
chanter	動	歌う [活用] je chante, tu chantes, il/elle chante, nous chantons, vous chantez, ils/elles chantent
chanteur/chanteuse	名	歌手、歌い手
chapeau	名(男)	帽子
chaque	形	それぞれの、めいめいの、各～
chat	名(男)	猫
château	名(男)	城、宮殿
chaud/chaude	形	熱い、暑い、温かい
chaussure	名(女)	靴
chemise	名(女)	シャツ、ワイシャツ、肌着
chercher	動	～を探す、探し求める
cheveu/cheveux	名(男)	(多く複数で）頭髪、髪の毛
chez	前	～の家に、店で、の国では
chien	名(男)	犬
Chine	名(女)	中国、中華人民共和国
chinois	名(男)	中国語
Chinois/Chinoise	名	中国人
chocolat	名(男)	チョコレート
choisir	動	～を選ぶ、選出する、選択する
cinéma	名(男)	映画、映画館
cinq	形	(名詞の前で）5の、（おもに名詞のあとで序数詞として）5番目の
	名(男)	5
cinquante	形	(名詞の前で）50の、（おもに名詞のあとで序数詞として）50番目の
	名(男)	50
cinquième	形	5番目の、第5の
classe	名(女)	クラス、教室
classique	形	クラシックの、古典派の

client/cliente	名	客、依頼人、患者	
climatiseur	名(男)	エアコン、空気調節装置	
coca	名(男)	コカコーラ（coke ともいう）	
cœur	名(男)	心、心臓、胸、中心	
coin	名(男)	角、隅、曲がり角、街角	
		Ex. au coin de「〜の角に」	
combien	副	いくら、どれだけ、どんなに	
comédie	名(女)	劇、戯曲、喜劇、コメディー	
comme	接	〜のように、〜と同じく、〜といった、〜として	
commencer	動	〜を始める	
comment	副	（名前などを尋ねて）なんと、（方法・様態などを尋ねて）どうやって、どのように	
compartiment	名(男)	（列車の）車室、コンパートメント、ボックス席	
se connaître	代動	互いに知り合う、知り合いである	
confiture	名(女)	ジャム	
continuer	動	〜を続ける、継続する	
cool	形	かっこいい、冷静な、穏やかな	
copain/copine	名	（ややくだけた言いかた）仲間、友達	
Corée	名(女)	朝鮮、韓国	
coréen	名(男)	朝鮮語、韓国語	
Coréen/Coréenne	名	朝鮮人、韓国人	
côté	名(男)	側、方面、方向	
		Ex. à côté de「〜の横に」	
se coucher	代動	寝る、横になる	
		[活用] je me couche, tu te couches, il/elle se couche, nous nous couchons, vous vous couchez, ils/elles couchent	
cour	名(女)	中庭、校庭	
courir	動	走る、駆ける	
cours	名(男)	講義、授業、講座	
course	名(女)	（複数で）買い物	
court/courte	形	短い、低い	
cousin/cousine	名	いとこ	
coûter	動	値段が〜である	
crêpe	名(女)	クレープ	
crêperie	名(女)	クレープ店、クレープ専門レストラン	
croissant	名(男)	クロワッサン	
cuir	名(男)	皮、革	
cuisine	名(女)	料理、台所	
cuisinier/cuisinière	名	料理人、コック	
cycle	名(男)	サイクル、循環	

D

d'accord	間投	わかった、オーケー、いいよ	
dans	前	〜の中に、中で、〜後に	
danse	名(女)	ダンス、舞踊、舞踏	
danser	動	踊る、ダンスをする	
date	名(女)	日付、年月日	

de/du/des	前	〜の、〜から	
début	名(男)	初め、最初、冒頭	
		Ex. au début「初めは、最初に」	
décembre	名(男)	12月	
déjà	副	もう、すでに	
déjeuner	動	昼食をとる	
déjeuner	名(男)	昼食	
demain	副	あす、明日	
demie	名(女)	（時刻について）半	
dent	名(女)	歯	
depuis	前	〜から、以来	
dernier/dernière	形	この前の、最後の	
derrière	前	〜の後ろに、裏に	
descendre	動	降りる、下る	
désolé/désolée	形	すまなく思う、残念に思う	
		Ex. Désolé!（Désolée!）「すみません、申し訳ありません」	
dessin	名(男)	デッサン、素描、絵画	
détester	動	〜を嫌う、〜が耐えられない	
deux	形	（名詞の前で）2の、（おもに名詞のあとで序数詞として）2番目の	
	名(男)	2	
deuxième	形	2番目の、第2の、もうひとつの	
devant	前	〜の前に、前方に	
devoir	動	〜しなければならない、すべきである	
		[活用] je dois, tu dois, il/elle doit, nous devons, vous devez, ils/elles doivent	
devoir	名(男)	宿題、課題、義務	
dictionnaire	名(男)	辞書、辞典	
dimanche	名(男)	日曜日	
dîner	名(男)	夕食、晩餐	
dîner	動	夕食をとる	
directeur/directrice	名	部長、課長、マネージャー、社長、経営者、校長、編集長	
dix	形	（名詞の前で）10の、（おもに名詞のあとで序数詞として）10番目の	
	名(男)	10	
dixième	形	10番目の	
donc	接	だから、したがって、つまり	
donner	動	〜を与える、渡す	
dormir	動	眠る	
douche	名(女)	シャワー	
doux/douce	形	温暖な、優しい、甘い	
douze	形	（名詞の前で）12の、（おもに名詞のあとで序数詞として）12番目の	
	名(男)	12	
douzième	形	12番目の	
droit	副	まっすぐに、直接に	

droite	名(女)	右、右側
		(Ex.) à droite de「〜の右に、右側に」
du/de la/de l'	冠	部分冠詞
dur	副	一生懸命に、ハードに
dur/dure	形	つらい、難しい、硬い

E

eau	名(女)	水、飲料水
école	名(女)	学校、小学校
écouter	動	(物音、話、音楽など)を聞く
		[活用] j'écoute, tu écoutes, il/elle écoute, nous écoutons, vous écoutez, ils/elles écoutent
écrire	動	〜を書く、綴る
église	名(女)	教会
élégant/élégante	形	優雅な、優美な、上品な
électronique	形	電子の
élision	名(女)	エリジオン
elle/elles	代	主語人称代名詞3人称単数・複数:彼女(ら)は、彼女(ら)が、それ(ら)は、それ(ら)が
e-mail	名(男)	Eメール、電子メール
embêtant/embêtante	形	退屈な、うんざりさせる、厄介な
employé/employée	名	会社員、従業員
en	前	〜に、で、の上で
enchaînement	名(男)	アンシェヌマン
encore	副	まだ、なお、(否定表現として)まだ〜ない
ennuyeux/ennuyeuse	形	退屈な、うんざりさせる、困った
ensemble	副	一緒に、ともに、協力して
ensuite	副	そのあとで、次に
entendre	動	〜が聞こえる、耳に入る
entrée	名(女)	入り口、玄関
entrer	動	入る、加わる
envoyer	動	〜を送る、発送する
Équateur	名(男)	エクアドル
Espagne	名(女)	スペイン
espagnol	名(男)	スペイン語
Espagnol/Espagnole	名	スペイン人
espèce	名(女)	現金
est	名(男)	東、東部
		(Ex.) à l'est de「〜の東に」
et	接	〜と、そして、および
États-Unis	名(男・複)	アメリカ合衆国
été	名(男)	夏
étranger/étrangère	形	外国の、外国人の
être	動	〜である、〜にいる、〜にある
		[活用] je suis, tu es, il/elle est, nous sommes, vous êtes, ils/elles sont
étude	名(女)	勉強、研究
étudiant/étudiante	名	(大学など高等教育の)学生
étudier	動	〜を勉強する、研究する

euro	名(男)	ユーロ
eux	代	彼ら、それら
examen	名(男)	試験、テスト
excellent/excellente	形	すばらしい、すぐれた、見事な
excitant/excitante	形	興奮させる、刺激的な
excuser	動	〜を許す
		(Ex.) Excusez-moi.「申し訳ありません、ごめんなさい」
s'exercer	代動	練習をする、訓練をする
expression	名(女)	表現、表明

F

faculté	名(女)	大学
faim	名(女)	空腹、ひもじさ、飢え
		(Ex.) avoir faim「空腹である」
faire	動	〜をする、〜を作る
		[活用] je fais, tu fais, il/elle fait, nous faisons, vous faites, ils/elles font
		(Ex.) Il fait beau.「天気が良い」 Il fait chaud.「暑い」 Ça fait combien?「おいくらですか?」
famille	名(女)	家族、世帯
fatigant/fatigante	形	疲れさせる、骨の折れる、うんざりさせる
favori/favorite	形	お気に入りの
femme	名(女)	女、女性、妻
fenêtre	名(女)	窓
fermer	動	〜を閉める、閉じる
fête	名(女)	祭り、祝宴、パーティー
fêter	動	〜を祝う、〜のために祝宴を催す
février	名(男)	2月
fille	名(女)	娘、女の子、少女
film	名(男)	映画、フィルム
fin	名(女)	終わり、最後、結末
finir	動	〜を終える、完成させる、使い終える
		[活用] je finis, tu finis, il/elle finit, nous finissons, vous finissez, ils/elles finissent
foie	名(男)	肝臓、肝、レバー
		(Ex.) foie gras フォアグラ
fois	名(女)	〜回、〜度、〜のとき
fonctionnaire	名	公務員、役人
football/foot	名(男)	サッカー
fort	副	強く、力を込めて、(声を)大きく
foyer	名(男)	家庭、家、家族
		(Ex.) femme au foyer「専業主婦」
frais/fraîche	形	涼しい、肌寒い、冷たい
français	名(男)	フランス語

Français/Française	名	フランス人
France	名(女)	フランス
frère	名(男)	兄弟、兄、弟
frigo	名(男)	冷凍庫、冷凍室
froid/froide	形	冷たい、寒い

G

gagner	動	～を稼ぐ、獲得する、～に勝つ
galette	名(女)	ガレット
garçon	名(男)	男の子、少年
gare	名(女)	(鉄道の) 駅
gâteau	名(男)	ケーキ、菓子
gauche	名(女)	左、左側
	Ex.	à gauche de 「～の左に、左側に」
genou/genoux	名(男)	ひざ
gens	名(男)	人々、人たち
gentil/gentille	形	親切な、優しい、思いやりのある
grand/grande	形	大きい、背の高い、重要な、偉大な
grand-mère	名(女)	祖母
grands-parents	名(男・複)	祖父母
grand-père	名(男)	祖父
grave	形	重大な、深刻な
gris/grise	形	灰色の、ねずみ色の
gros/grosse	形	大きい、太い
gymnastique	名(女)	体操、体育

H

s'habiller	代動	服を着る、衣服を身に付ける
habiter	動	～に住む、居住する
		[活用] j'habite, tu habites, il/elle habite, nous habitons, vous habitez, ils/elles habitent
Hambourg	名	ハンブルク
haut/haute	形	高い
héros	名(男)	英雄、主人公
heure	名(女)	時間
hier	副	きのう、昨日
hip-hop	形	ヒップホップの
historique	形	歴史の、歴史学の、歴史上の
hiver	名(男)	冬
homme	名(男)	人間、人類、男
honte	名(女)	恥、恥ずかしさ
hôpital	名(男)	病院
horloge	名(女)	大時計
hôtel	名(男)	ホテル
huit	形	(名詞の前で) 8の、(おもに名詞のあとで序数詞として) 8番目の
	名(男)	8
huitième	形	8番目の、第8の
humide	形	湿った、湿っぽい、じめじめした

I

ici	副	ここ
idée	名(女)	アイデア、考え、意見
il/ils	代	主語人称代名詞3人称単数・複数：彼(ら)は、彼(ら)が、それ(ら)は、それ(ら)が
il y a	動	～がある、～がいる
infirmier/infirmière	名	看護師
intelligent/intelligente	形	頭のよい、知能の高い、聡明な
intéressant/intéressante	形	興味深い、面白い
inviter	動	～に～を招く、招待する、誘う
inOui	名(男)	イヌイ (フランスの超高速鉄道の名称、2017年6月までTGV [テージェーヴェー] と呼ばれていた)
Italie	名(女)	イタリア
italien	名(男)	イタリア語
Italien/Italienne	名	イタリア人

J

Jamaïque	名(女)	ジャマイカ
jamais	副	(neとともに) 決して～ない、一度も～ない
jambe	名(女)	脚、足
janvier	名(男)	1月
Japon	名(男)	日本
japonais	名(男)	日本語
japonais/japonaise	形	日本の、日本語の
Japonais/Japonaise	名	日本人
jaune	形	黄色い、黄色の
jazz	名(男)	ジャズ
je	代	主語人称代名詞1人称単数：私は、私が
jean	名(男)	ジーンズ、ジーパン、デニム
jeudi	名(男)	木曜日
joli/jolie	形	きれいな、かわいい、すてきな
joueur/joueuse	名	プレイヤー、選手、ゲームをする人
jour	名(男)	日
journal/journaux	名(男)	新聞、ニュース番組、日記
journaliste	名	ジャーナリスト、記者、編集者
journée	名(女)	1日、日中、昼間
juillet	名(男)	7月
juin	名(男)	6月
jupe	名(女)	スカート
jusqu'à/jusqu'au/jusqu'aux	前	～まで

K

kaki	形	カーキ色の

L

là	副	そこ、あそこ、そこで、そのとき
laisser	動	～を置いておく、残す
lait	名(男)	牛乳、ミルク

langue	名(女)	～語、言語、（複数で）外国語
le/la/les	冠	定冠詞
lecture	名(女)	読むこと、読書
lent/lente	形	遅い、のろい、ゆっくりした
leur/leurs	形	彼らの、彼女らの、それらの
se lever	代動	起きる、立ち上がる
		[活用] je me lève, tu te lèves, il/elle se lève, nous nous levons, vous vous levez, ils/elles se lèvent
liaison	名(女)	リエゾン
ligne	名(女)	釣り糸、仕掛け
lire	動	～を読む
livre	名(男)	本、書物
loger	動	泊まる、滞在する
loin	副	遠くに、離れて、はるかに
Loire	名(女)	ロワール川
Londres	名	ロンドン
long	名(男)	長さ、縦
		Ex. le long de「～に沿って」
long/longue	形	長い
Los Angeles	名	ロサンゼルス
Louvre	名	ルーヴル美術館
lundi	名(男)	月曜日
lune	名(女)	月
lycée	名(男)	高校、リセ

M

madame	名(女)	奥様、～夫人（既婚婦人または既婚相当年齢の婦人の敬称）
mademoiselle	名(女)	お嬢様、お嬢さん（未婚女性の敬称）
Madrid	名	マドリード
magasin	名(男)	店、商店
mai	名(男)	5月
mail	名(男)	メール、メールアドレス
maintenant	副	今、今では
mais	接	しかし、だが、とはいえ
maison	名(女)	家、住宅
mal	名(男)	痛み、悪、悪事、苦労
		Ex. avoir mal à「～が痛い」
manger	動	～を食べる、食事をとる
manteau	名(男)	コート、オーバー
marcher	動	歩く、散歩する
mardi	名(男)	火曜日
maritime	形	海に面した、海辺の
mars	名(男)	3月
matin	名(男)	朝、午前
mauvais/mauvaise	形	悪い、粗悪な、調子の悪い
me	代	私を、私に
méchant/méchante	形	意地悪な、悪意のある
médecin	名(男)	医者
Méditerranée	名(女)	地中海
meilleur/meilleure	形	よりよい
ménage	名(男)	家事、掃除
mer	名(女)	海、海洋

Merci.	間投	ありがとう
		Ex. Merci beaucoup.「ありがとうございます」
mercredi	名(男)	水曜日
mère	名(女)	母、母親
mérite	名(男)	長所、取柄、功績
métro	名(男)	地下鉄、メトロ
mettre	動	～を着る、身に付ける、置く
		Ex. Je mets
midi	名(男)	昼、真昼、正午
mieux	副	よりよく
mignon/mignonne	形	かわいい、すてきな
Milan	名	ミラノ
mille	形	（名詞の前で）1000の、多数の、おびただしい、（おもに名詞のあとで序数詞として）1000番目の
	名(男)	1000
mince	形	薄い、細い、痩せた
minuit	名(男)	真夜中、深夜、午前0時
minute	名(女)	分
modeste	形	謙虚な、控えめな
moi	代	私
moins	副	より少なく
mois	名(男)	月（一か月）
mon/ma/mes	形	私の
monde	名(男)	人々、世界
monnaie	名(女)	お金（小銭）
		Ex. monnaie électronique 電子マネー
monsieur	名(男)	～氏、～さん、～様（男性の敬称）
mont	名(男)	（固有名詞を伴って）山
		Ex. Le mont-Blanc モンブラン
montagne	名(女)	山、山岳、丘
monter	動	登る、上がる
Montréal	名	モントリオール
monument	名(男)	大建造物、記念建造物
Moscou	名	モスクワ
moto	名(女)	オートバイ、バイク
mourir	動	死ぬ
musical/musicale	形	音楽の、音楽に関する
musicien/musicienne	名	音楽家、ミュージシャン
musique	名(女)	音楽、楽曲、楽譜
muter	動	～を転勤させる、配置換えする

N

naître	動	生まれる、誕生する
nationalité	名(女)	国籍、民族
ne	副	(ne…pas)～ない
neiger	動	雪が降る
neuf	形	（名詞の前で）9の、（おもに名詞のあとで序数詞として）9番目の
	名(男)	9

neuvième	形	9番目の、第9の	
neveu	名(男)	甥（おい）	
Nice	名	ニース（コート・ダジュールの湾岸都市）	
nièce	名(女)	姪（めい）	
Noël	名(男)	（無冠詞で）クリスマス	
noir/noire	形	黒い	
nombre	名(男)	数、数量	
non	副	いいえ、いや、だめだ	
nord	名(男)	北、北部	
		Ex. au nord de「〜の北に」	
nord-est	名(男)	北東、北東部	
nord-ouest	名(男)	北西、北西部	
Normandie	名(女)	ノルマンディー（フランス北西部）	
notre/nos	形	私たちの、我々の	
nous	代	主語人称代名詞1人称複数：私たちは、我々は	
nouveau/nouvel/nouvelle	形	新しい、最新の	
novembre	名(男)	11月	
nuage	名(男)	雲	
nuit	名(女)	夜、夜間、睡眠	
		Ex. Bonne nuit.「おやすみなさい」	

O

occupé/occupée	形	忙しい、手がふさがっている
octobre	名(男)	10月
œil/yeux	名(男)	目、視線
O.M.S.	名(女)	世界保健機関（Organisation mondiale de la santé の略）
on	代	不定代名詞：人は、人々は、私たちは
oncle	名(男)	おじ
O.N.U.	名(女)	国際連合、国連（Organisation des Nations unies の略）
onze	形	11
où	副	[疑問] どこに、どこで、どこへ
		Ex. d'où「どこから？」
ouest	名(男)	西、西部
		Ex. à l'ouest de「〜の西に」
oui	副	はい、ええ、そうです
ouvrir	動	〜を開ける、開く

P

pain	名(男)	パン
pantalon	名(男)	ズボン、スラックス、パンツ
passer	動	通る、通り過ぎる、立ち寄る
pâte	名(女)	（複数形で）パスタ、麺類
par	前	〜につき、〜を通って、〜から
parc	名(男)	公園、駐車場
parce que	接	〜なので、だから、なぜなら
Pardon.	間投	ごめんなさい、すみません
parent	名(男)	（単数で）親、（複数で）両親、父母
Paris	名	パリ

parler	動	話す、しゃべる
		[活用] je parle, tu parles, il/elle parle, nous parlons, vous parlez, ils/elles parlent
partir	動	出発する、出かける、立ち去る
		[活用] je pars, tu pars, il/elle part, nous partons, vous partez, ils/elles partent
pas	副	〜ない（否定の表現の一部）
passager/passagère	名	乗客
passe-temps	名(男)	趣味、暇つぶし
patinage	名(男)	スケート
patineur	名	スケーター
payer	動	〜を払う、支払う
pays	名(男)	国、国家
Pays-Bas	名(男·複)	オランダ（オランダのフランス語での正式呼称）
pêcher	動	（魚）を釣る、とる
		Ex. pêcher à la ligne「釣りをする」
Pékin	名	北京
pendant	前	〜の間に、〜の間ずっと
pension	名(女)	ペンション、食事つき宿泊
père	名(男)	父、父親
personne	代	（ne とともに）誰も〜ない
petit/petite	形	小さい、背が低い、幼い
petit déjeuner	名(男)	朝食
peu	副	あまり〜ない、ほとんど〜ない、 cf. un peu 少し
peur	名(女)	恐怖、恐れ
pharmacie	名(女)	薬局、調剤室
Philippines	名(女·複)	フィリピン（共和国、諸島）
philosophie	名(女)	哲学、思想、モラル
phrase	名(女)	文、センテンス、言葉
pied	名(男)	足、足取り
		Ex. à pied「歩いて、徒歩で」
piscine	名(女)	プール
place	名(女)	広場、場所、空間
plaire	動	〜の気に入る、好みにあう
		Ex. s'il vous (te) plaît「お願いします、すみませんが」
plaisir	名(男)	喜び、楽しみ
		Ex. Avec plaisir !「喜んで！いいですよ！」
pleuvoir	動	雨が降る
pluie	名(女)	雨
		Ex. saison des pluies 梅雨
plus	副	より多く〜、さらに〜
poisson	名(男)	魚、魚肉
pont	名(男)	橋
pop	形	ポップの、ポップスの
populaire	形	人気のある、よく知られた、庶民の
porte	名(女)	ドア、扉、戸
porter	動	〜を身につけている、〜を持

			つ
Portugal	名(男)	ポルトガル
possible	形	可能な、できる、ありうる
poste	名(女)	郵便、郵便局
pour	前	～のために、～のための
pourquoi	副	なぜ、どうして
		Ex. Pourquoi pas.「いいですね」
pouvoir	動	～することができる、～してもよい、～かもしれない
		[活用] je peux, tu peux, il/elle peut, nous pouvons, vous pouvez, ils/elles peuvent
pratique	形	便利な、実践的な
préférer	動	～より…を好む、選ぶ
		[活用] je préfère, tu préfères, il/elle préfère, nous préférons, vous préférez, ils/elles préfèrent
premier/première	形	最初の、初めての、1番目の
prendre	動	～を手に取る、手に入れる、食べる、乗る、浴びる
		[活用] je prends, tu prends, il/elle prend, nous prenons, vous prenez, ils/elles prennent
préparer	動	～を準備する、用意する、計画する
près	副	近くに、そばに、すぐに
		Ex. près de「～の近くに」
pressé/pressée	形	急いでいる、急ぎの
printemps	名(男)	春
prochain/prochaine	形	次の、今度の
professeur	名(男)	教授、教師、先生
profession	名(女)	職業
se promener	代動	散歩する、歩き回る
prudent/prudente	形	慎重な、用心深い
pull	名(男)	セーター、プルオーバー

Q

quand	副	いつ
quarante	形	（名詞の前で）40の、（おもに名詞のあとで序数詞として）40番目の
	名(男)	40
quart	名(男)	15分、4分の1
quatorze	形	（名詞の前で）14の、（おもに名詞のあとで序数詞として）14番目の
	名(男)	14
quatre	形	（名詞の前で）4の、（おもに名詞のあとで序数詞として）4番目の
	名(男)	4
quatre-vingt-dix	形	（名詞の前で）90の、（おもに名詞のあとで序数詞として）90番目の
	名(男)	90
quatre-vingts	形	（名詞の前で）80の、（おもに名詞のあとで序数詞として）80番目の
	名(男)	80
quatrième	形	4番目の、第4の
que	接	（neとともに）～しか…ない
Québec	名	ケベック
quel/quelle/quels/quelles	形	どんな、どの、何、だれ、どれほどの、どれくらいの
		Ex. À quelle heure ?「何時に？」
quelque chose	代	何か、ある物、あること
qu'est-ce que	代	何、何を、何が
question	名(女)	質問、問い、問題
qui	代	だれが
quinze	形	（名詞の前で）15の、（おもに名詞のあとで序数詞として）15番目の
	名(男)	15
quoi	代	何、何を

R

rapide	形	速い、高速の、素早い
rapport	名(男)	レポート、報告、関係
recevoir	動	～を受け取る、受ける
regarder	動	～を見る、眺める
région	名(女)	地方、地域、周辺部
se rendre	代動	行く、赴く
rentrer	動	帰る、戻る
repas	名(男)	食事
répéter	動	～を繰り返して言う、復唱する
réponse	名(女)	返事、応答、答え
reposant/reposante	形	癒される、ほっとする
se reposer	代動	休む、休息する
retourner	動	戻る、引き返す、帰っていく
retraite	名(女)	引退、退職、年金
restaurant	名(男)	レストラン、料理店、食堂
rester	動	とどまる、ずっといる
retard	名(男)	遅れ、遅刻
		Ex. en retard「遅れて」
réveiller	動	目を覚まさせる cf. se réveiller 目が覚める
revenir	動	再び来る、戻ってくる、帰ってくる
revoir	名(男)	再会 Ex. Au revoir.「さようなら、ではまた（お会いしましょう）」
rien	代	（neとともに）何も～ない
Rome	名	ローマ
rond/ronde	形	丸い、円形の
Rouen	名	ルーアン
rouge	形	赤い、赤くなった
rouler	動	（車が）走る、転がる
roux/rousse	形	赤褐色の、赤茶色の、赤毛の

rue	名(女)	道、通り
russe	名(男)	ロシア語
Russe	名	ロシア人
Russie	名(女)	ロシア

S

sac	名(男)	バッグ、かばん
saison	名(女)	季節
salle	名(女)	部屋、会場
samedi	名(男)	土曜日
savoir	動	知る、知っている
sec/sèche	形	乾いた、水気のない
second/seconde	形	第2の、2番目の、もうひとつの
secrétaire	名	秘書、助手、書記、補佐官
Seine	名(女)	セーヌ川
seize	形	（名詞の前で）16の、（おもに名詞のあとで序数詞として）16番目の
	名(男)	16
semaine	名(女)	週、1週間
semestre	名(男)	学期、6カ月、半年
Séoul	名	ソウル
sept	形	（名詞の前で）7の、（おもに名詞のあとで序数詞として）7番目の
	名(男)	7
septembre	名(男)	9月
septième	形	7番目の、第7の
sérieux/sérieuse	形	まじめな、勤勉な、真剣な
sérieusement	副	まじめに、真剣に
serveur/serveuse	名	（レストランなどの）ウエーター、ウエートレス
seul/seule	形	一人で
si	接	もし〜なら
silencieux/silencieuse	形	無言の、口を利かない、音の静かな
s'il vous（te）plaît	間投	お願いします、すみませんが（s.v.p. と略す）
six	数形	（名詞の前で）6の、（おもに名詞のあとで序数詞として）6番目の
	名(男)	6
sixième	形	6番目の、第6の
ski	名(男)	スキー
S.N.C.F.	名(女)	フランス国有鉄道（Société nationale des chemins de fer français の略）
sœur	名(女)	姉妹、姉、妹
soif	名(女)	（のどの）渇き
soir	名(男)	夕方、夕暮れ、晩、夜
soirée	名(女)	夜、夜のパーティー
soixante	形	（名詞の前で）60の、（おもに名詞のあとで序数詞として）60番目の
	名(男)	60

soixante-dix	形	（名詞の前で）70の、（おもに名詞のあとで序数詞として）70番目の
	名(男)	70
soleil	名(男)	太陽、日
sommeil	名(男)	眠り、睡眠
son/sa/ses	形	彼の、彼女の、その
sortir	動	（〜から）外に出る、出かける、遊びに行く
sous	前	〜の下に
souvent	副	しばしば、たびたび、多くの場合
sport	名(男)	スポーツ、運動
square	名(男)	公園
stage	名(男)	研修、実習、セミナー
station	名(女)	（地下鉄の）駅、タクシー乗り場
stationner	動	駐車する、停車する
sud	名(男)	南、南方
		Ex. au sud de「〜の南に」
Suisse	名(女)	スイス
suite	名(女)	続き、あと、次
		Ex. tout de suite「すぐに、ただちに」
supermarché	名(男)	スーパーマーケット
supérette	名(女)	コンビニ、小型スーパー
sur	前	〜の上に
sûr/sûre	形	確かな、確信している、自信がある
		Ex. Bien sûr.「もちろん」
sympathique	形	感じの良い、好ましい、気持ちの良い
synonyme	名(男)	同義語、類義語

T

table	名(女)	テーブル、机、台
tableau	名(男)	黒板
tante	名(女)	おば
tapisserie	名(女)	タピスリー、タペストリー、壁紙
taxi	名(男)	タクシー
télé	名(女)	テレビ（télévision の略）
téléphoner	動	電話をかける
télévision	名(女)	テレビ
temple	名(男)	神殿、寺院、聖堂
temps	名(男)	時、時間
		Ex. de temps en temps「ときどき」
tennis	名(男)	テニス
terminer	動	〜をやり終える・終了する、締めくくる、se terminer 〜 が終わる・終了する
terre	名(女)	地球
test	名(男)	テスト
tête	名(女)	頭、顔
thé	名(男)	お茶、紅茶
théâtre	名(男)	劇場、演劇

thermal/thermale	形	温泉の、温泉を利用する
toi	代	君、おまえ、あなた
toilette	名(女)	(複数で)トイレ、手洗い
tôt	副	早く、朝早く
toujours	副	いつも、常に、いつまでも、相変わらず
tour	名(男)	ツアー、一周
tour	名(女)	塔、タワー Ex. Tour Eiffel「エッフェル塔」
tourbillon	名(男)	渦、渦巻
tourner	動	曲がる、方向を変える
tout/toute/tous/toutes	形,代	すべての〜、全部の〜、まったく Ex. pas du tout「全然〜ない」
train	名(男)	列車、汽車、電車
traverser	動	〜を横断する、横切る、渡る
travail/travaux	名(男)	仕事、作業、勉強
travailler	動	仕事をする、働く、勉強する
treize	形	(名詞の前で)13の、(おもに名詞のあとで序数詞として)13番目の
	名(男)	13
trente	形	(名詞の前で)30の、(おもに名詞のあとで序数詞として)30番目の
	名(男)	30
trentième	形	30番目の
très	副	非常に、とても、大変、きわめて
triste	形	悲しい、悲しんでいる、陰気な
trois	形	(名詞の前で)3の、(おもに名詞のあとで序数詞として)3番目の
	名(男)	3
troisième	形	3番目の、第3の
trouver	動	〜だと思う、〜を見つける
se trouver	代動	(ものが)ある・位置する
T-shirt	名(男)	Tシャツ
tu	代	主語人称代名詞2人称単数：君は、あなたは

U

un/une/des	冠	不定冠詞
	名(男)	1
un/une	形	(名詞の前で)1の、(おもに名詞のあとで序数詞として)第1の、1番目の
unième	形	1番目の(単独では用いず、10の位、100の位などの数字を伴う)
université	名(女)	大学
utile	形	便利な、有用な、役立つ、有効な
utiliser	動	〜を使う、使用する、利用する

V

vacances	名(女)	(複数形で)バカンス、休暇
vélo	名(男)	自転車、サイクリング
vendeur/vendeuse	名	店員、売り子、販売係
vendredi	名(男)	金曜日
venir	動	来る、やってくる [活用] je viens, tu viens, il/elle vient, nous venons, vous venez, ils/elles viennent Ex. venir de「〜出身である」
vent	名(男)	風
ventre	名(男)	腹、腹部
vers	前	〜の頃に、〜の方へ
vert/verte	形	緑の、緑色の
viande	名(女)	肉、食肉
vieux/vieil/vieille	形	年老いた、高齢の、昔からの Ex. vieux amis (vieil ami)「旧友」
ville	名(女)	都市、都会、町
vingt	形	(名詞の前で)20の、(おもに名詞のあとで序数詞として)20番目の
	名(男)	20
vingtième	形	20番目の
visiter	動	〜を訪れる、見物する
vite	副	速く、急速に、素早く
voilà	副	そこに〜がある、それが〜である Ex. Voilà.「すみません、それだ、そのとおり、以上」
voir	動	〜が見える、見る、会う Ex. Je vois.
voiture	名(女)	自動車
votre/vos	形	あなたの、あなたがたの、君たちの
vouloir	動	〜を望む、欲する、〜したい [活用] je veux, tu veux, il/elle veut, nous voulons, vous voulez, ils/elles veulent Ex. Je voudrais「〜したい(条件法現在形)」
vous	代	主語人称代名詞2人称単数・複数:あなたは、あなたがたは、君たちは
voyage	名(男)	旅行、旅
voyager	動	旅行する、旅をする
vrai/vraie	形	本当の、真の、本物の

W

week-end	名(男)	週末、ウィークエンド

Y

y	代	そこに、そこで、そこへ

新旧つづり字対応表

旧つづり字	品詞	新つづり字
【数字】		
vingt et un	数	vingt-et-un
trente et un	数	trente-et-un
quarante et un	数	quarante-et-un
cinquante et un	数	cinquante-et-un
soixante et onze	数	soixante-et-onze
deux cents	数	deux-cents
cinq cents	数	cinq-cents
six cents	数	six-cents
dix mille	数	dix-mille
cent mille	数	cent-mille
【それ以外の単語】		
août	名男	aout
base-ball	名男	baseball
boîte	名女	boite
dîner	名／動	diner
naître	動	naitre
s'il vous plaît	－	s'il vous plait
week-end	名男	weekend

ル・シエル1 URL
（音声・その他）

http://text.asahipress.com/free/french/leciel1/index.html

ル・シエル 1
―文法・語彙からコミュニケーションへ―

検印省略	© 2018 年 1 月 30 日　初　版　発　行
	2021 年 3 月 31 日　第 3 刷 発 行
	2022 年 1 月 30 日　改訂初版発行
	2024 年 1 月 30 日　改訂第 2 刷発行

著　者　　　　　平　嶋　里　珂

発行者　　　　　原　　　雅　　久
発行所　　　　　株式会社　朝　日　出　版　社

101-0065　東京都千代田区西神田 3-3-5
電話直通　（03）3239-0271/72
振替口座　00140-2-46008
http://www.asahipress.com/

組　版　　　有限会社ファースト
印　刷　　　図書印刷株式会社

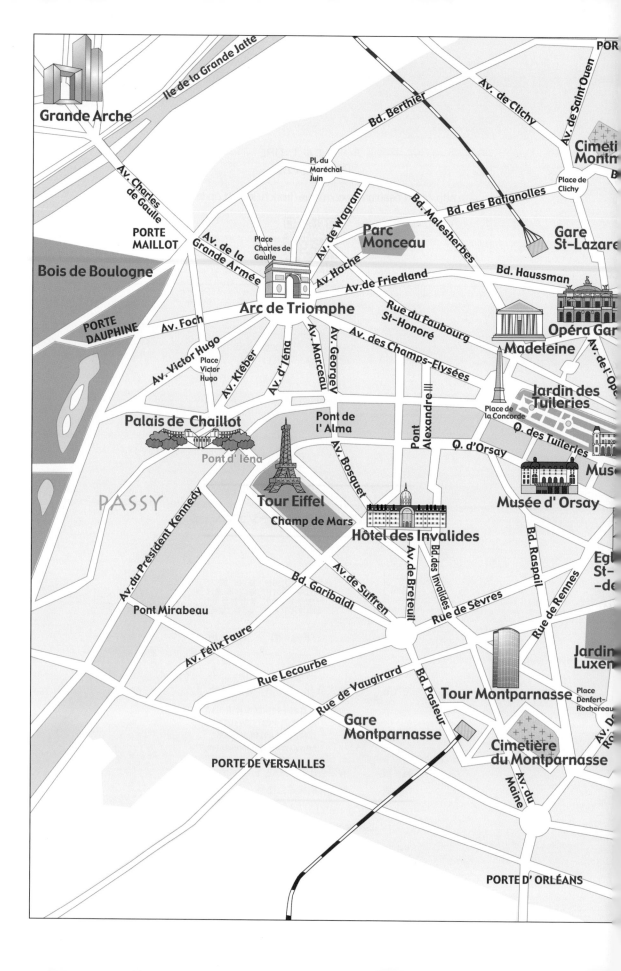

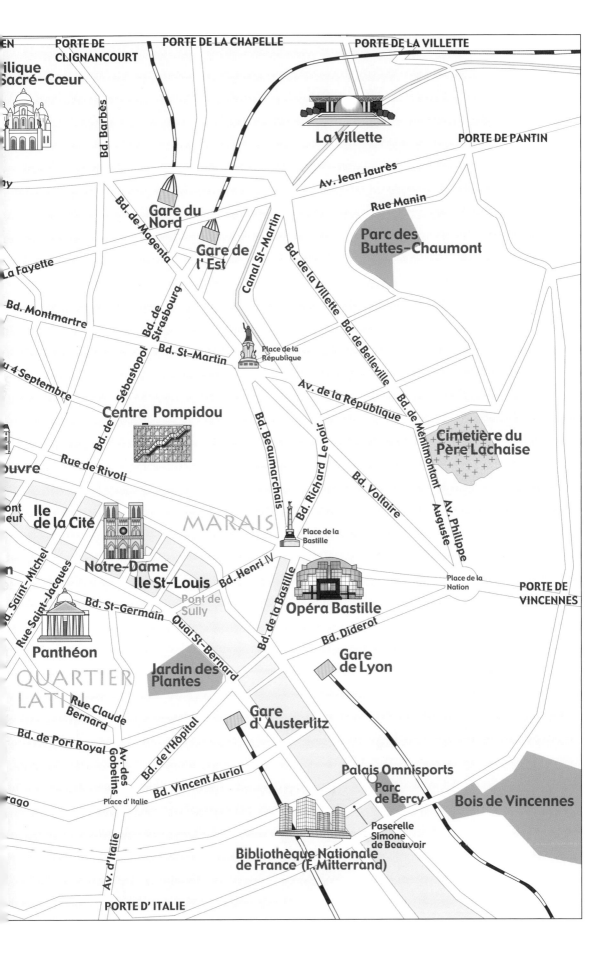